| 法律法规新解读 | 第五版

国有土地上房屋征收与补偿条例

解读与应用

张 润 貊明伟 崔世宇 编著

中国法制出版社
CHINA LEGAL PUBLISHING HOUSE

出版说明

"法律法规新解读"丛书作为一套实用型法律图书，历经四版，以其专业、实用、易懂的优点，赢得了广大读者的认可。自第四版后，相关法律规定已发生较大变化，司法实践中也出现了不少新的法律问题，第五版立足"实用"，以关注民生、服务大众为宗旨，切实提升内容实用性；致力"易懂"，使本丛书真正成为"遇事找法者"运用法律维护权利和利益的利器。本丛书选取与日常生活密切相关的法律领域，将各领域的核心法律作为"主体法"，并且将与主体法密切相关的法律规定汇编收录。

"法律法规新解读"丛书独家打造七重法律价值：

1. 出版专业

中国法制出版社是中华人民共和国司法部主管主办的中央级法律类专业出版社，是国家法律法规标准文本的权威出版机构。

2. 条文解读精炼到位

重难点法条以【条文解读】形式进行阐释，解读内容在吸取全国人大常委会法制工作委员会、最高人民法院等部门对条文的权威解读的基础上，结合实际编写，简单明了、通俗易懂。

3. 实务应用精准答疑

根据日常生活中经常遇到的纠纷与难题，以【实务应用】形式提炼归纳出问题点，对标热点难点，精准答疑解惑。

4. 案例指引权威实用

专设【案例指引】板块，选取最高人民法院公报案例、典型案例、各地区法院公布的经典案例以及中国裁判文书网的终审案例等，以案说法，生动地展示解决法律问题的实例。同时，原文收录一部分最高人民法院、最高人民检察院公布的指导性案例，指导实践更准确、更有力。

5. 关联参见检索便捷

除精选与主体法相关联的法律规定外，在主体法中以【关联参见】的方式链接相关重要条文，帮助读者全方位理解相关规定内容。

6. 附录内容实用丰富

书末收录经提炼的法律流程图、诉讼文书、纠纷处理常用数据、重要法律术语速查表等内容，帮助读者大大提高处理法律事务的效率。

7. 超值赠送增值服务

扫描图书后勒口二维码，免费使用中国法制出版社【法融】数据库。读者可查阅"国家法律法规"栏目和"案例解析"栏目中的"最高法指导案例"和"最高检指导案例"的内容。

中国法制出版社

国有土地上房屋征收与补偿条例
法律适用提示

《国有土地上房屋征收与补偿条例》经 2011 年 1 月 19 日国务院第 141 次常务会议通过，于 2011 年 1 月 21 日公布施行。2001 年 6 月 13 日国务院公布的《城市房屋拆迁管理条例》同时废止。《国有土地上房屋征收与补偿条例》成为《城市房屋拆迁管理条例》之后，处理国有土地上房屋拆迁最重要、最直接的法律依据。

《国有土地上房屋征收与补偿条例》主要内容包括以下方面：

一是关于征收补偿。按照保证房屋被征收群众居住条件有改善、生活水平不降低的原则，本条例规定，对被征收人的补偿包括：被征收房屋价值的补偿，因征收房屋造成的搬迁与临时安置的补偿，停产停业损失的补偿。对被征收房屋价值的补偿，不得低于房屋征收决定公告之日被征收房屋类似房地产的市场价格。

为了保证生活条件困难的被征收人居住条件有改善，本条例规定，政府对符合住房保障条件的被征收人除给予上述补偿外，还要优先安排被征收人享受住房保障。

二是关于被征收房屋评估。(1) 明确对被征收房屋价值的补偿，按照不得低于房屋征收决定公告之日被征收房屋类似房地产的市场价格的原则进行补偿。对评估中应当考虑的区位、用途、建筑结构、新旧程度、建筑面积等因素以及装修和原有设备的拆装损失补偿等问题，将由房屋征收评估办法进行具体规定。(2) 明确房地产价格评估机构由被征收人协商选定；协商不成的，通过多数决定、随机选定等方式确定，具体办法由省、自治区、直辖市制定。(3) 规定房地产价格评估机构应当独立、客观、公正地开展房屋征收评估工作，任何单位和个人不得干预。（4）规定对评估确定的被征收房屋价值有异议的，可以向房地产价格评估机构申请复核评估。对复核结果有异议的，可以向房地产价格评估专家委员会申请鉴定。

三是关于征收范围及对公共利益的界定。本条例规定，因国防、外交需要和由政府组织实施的能源、交通、水利、教科文卫体、资源环保、防灾减灾、文物保护、社会福利、市政公用等公共事业需要以及保障性安居工程建设、旧城区改建需要可以实行房屋征收。

四是关于征收程序。征收程序是规范政府征收行为，维护被征收人合法权益，促使政府做好群众工作的重要保障。本条例规定征收补偿方案应征求公众意见；因旧城区改建需要征收房屋，多数被征收人认为征收补偿方案不符合本条例规定的，应当组织听证会并修改方案；政府作出房屋征收决定前，应当进行社会稳定风险评估；房屋征收决定涉及被征收人数量较多的，应当经政府常务会议讨论决定；被征收房屋的调查结果和分户补偿情况应当公布；被征收人对征收决定和补偿决定不服的，可以依法申请行政复议或者提起行政诉讼；审计机关应当加强审计。

五是明确政府是房屋征收与补偿的主体。房屋征收是政府行为。按照原《城市房屋拆迁管理条例》规定，建设单位是拆迁人，这是由当时的历史条件所决定的。从以前的实践看，由于拆迁进度与建设单位的经济利益直接相关，容易造成拆迁人与被拆迁人矛盾激化。本条例改变了以前由建设单位拆迁的做法，规定政府是征收补偿主体，由房屋征收部门组织实施房屋征收与补偿工作。房屋征收部门可以委托房屋征收实施单位承担房屋征收与补偿的具体工作，但房屋征收实施单位不得以营利为目的。房屋征收部门对房屋征收实施单位实施房屋征收与补偿的行为负责监督，并对其行为后果承担法律责任。禁止建设单位参与搬迁活动，任何单位和个人都不得采取暴力、威胁或者中断供水、供热、供气、供电和道路通行等非法方式迫使被征收人搬迁。

六是取消行政强制拆迁。被征收人超过法定期限不申请行政复议或行政诉讼，在补偿决定规定期内又不搬迁的，由政府依法申请人民法院强制执行。

2

目 录

国有土地上房屋征收与补偿条例

1

第四章 法 律 责 任

第五章 附 则

关联法规

实用附录

实务应用速查表

案例指引速查表

国有土地上房屋
征收与补偿条例

国有土地上房屋征收
与补偿条例解读与应用

国有土地上房屋征收与补偿条例

·2011 年 1 月 19 日国务院第 141 次常务会议通过
·2011 年 1 月 21 日中华人民共和国国务院令第 590 号公布
·自公布之日起施行

第一章 总 则

第一条 【立法目的】① 为了规范国有土地上房屋征收与补偿活动，维护公共利益，保障被征收房屋所有权人的合法权益，制定本条例。

条文解读

本条是关于立法目的的规定，有以下三个方面：

（1）规范国有土地上房屋征收与补偿活动。房屋征收是政府行为，主体是政府。但房屋征收与补偿不仅涉及政府，也涉及房屋被征收群众和各种社会组织，并且征收活动历时长、范围广、法律关系复杂，因此，有必要通过立法，对政府的征收行为，各方的权利义务等予以规范，从而保证房屋征收与补偿工作依法、有序地进行。这是立法的重要目的之一。

（2）维护公共利益。政府只有在特定的公共利益需要的情况下才能动用公权力强制剥夺私人财产。房屋作为公民必要的、安身立命的财产，为了城市长期发展需要而进行征用，对其房屋财产的限制必须以公共利益需要为必要条件。当然，如果征收和补偿是依法进行的，符合公共利益的要求，就必须得到维护和保障。本条例力求实现公共利益与被

---

① 本书条文主旨为编者所加，为方便读者检索使用，仅供参考，下同。

征收人合法权益的平衡，在确保公共利益目标实现的同时，又切实维护被征收人合法权益。为此，条例从以下几个方面体现对公共利益的维护：一是明确公共利益的目的。二是列举公共利益的情形。三是对被征收人设定若干配合义务。四是规定了申请人民法院强制执行程序。五是规定了阻碍合法征收补偿工作行为的罚则。

（3）保证被征收房屋所有人的合法权益。依法保障被征收人的合法权益，是制定本条例的又一个核心内容。在房屋征收与补偿过程中，只有切实保障被征收人的居住条件有改善，生活水平不降低，按照市场价格进行评估确定货币补偿金额，即对被征收房屋价值的补偿金额，不得低于房屋征收决定公告之日被征收房屋类似房地产的市场价格，同时对被征收人的搬迁、临时安置和停产停业损失予以补偿，保证被征收人所得补偿在市场上能买到区位、面积类似的住房，并依法赋予被征收人征收补偿方案和房屋征收评估办法制定参与权、房地产价格评估机构的选择权、补偿方式选择权、回迁权以及相应的行政救济权和司法救济权才能最大限度维护好房屋被征收群众的利益，才能将群众的当前利益与长远利益统一起来，才能真正做到统筹兼顾，从而为我国经济社会发展，为实现全国人民最根本、最长远的利益创造良好的条件。

第二条 【适用范围】为了公共利益的需要，征收国有土地上单位、个人的房屋，应当对被征收房屋所有权人（以下称被征收人）给予公平补偿。

条文解读

本条可以说是《国有土地上房屋征收与补偿条例》（以下简称《条例》）的核心条款，不仅确立了本条例的适用范围，明确了《条例》调整的房屋征收的事由（公共利益需要）、对象（征收对象为国有土地上的房屋，补偿对象为房屋所有权人）等基本事项，更重要的是确立了因公共利益征收国有土地上房屋的公平补偿原则。

征收房屋的前提 ➡ 本条明确规定，征收国有土地上单位、个人的房屋只能是为了公共利益的需要。这就明确了实施房屋征收的前提。该规定的主要依据：一是《宪法》①第 13 条第 3 款规定，国家为了公共利益的需要，可以依照法律规定对公民的私有财产实行征收或者征用并给予补偿。二是《民法典》第 243 条第 1 款规定，为了公共利益的需要，依照法律规定的权限和程序可以征收集体所有的土地和组织、个人的房屋以及其他不动产。三是《城市房地产管理法》第 6 条规定，为了公共利益的需要，国家可以征收国有土地上单位和个人的房屋，并依法给予拆迁补偿，维护被征收人的合法权益；征收个人住宅的，还应当保障被征收人的居住条件。

征收方式 ➡ 征收采取的主要手段是国家机关依照法律规定通过行政行为对财产予以剥夺并转移所有权。从我国有关征收的法律来看，征收主要以行政行为的方式进行，我国基本上不存在以法律形式直接进行的征收。《条例》中对国有土地上单位和个人房屋的征收行为，属于行政行为。具体步骤是：（1）由市、县人民政府根据公共利益的需要，作出征收决定。（2）市、县政府确定的负责实施征收决定的房屋征收部门拟定补偿方案。（3）公告征收决定和补偿方案。（4）签订补偿协议或者作出补偿决定。

征收对象 ➡ 本条例只适用于征收国有土地上单位、个人的房屋，不适用于集体土地征收，集体土地征收现主要由《土地管理法》调整。根据《宪法》和《民法典》的有关规定，城市的土地，属于国家所有。法律规定属于国家所有的农村和城市郊区的土地，属于国家所有。本条例适用于国有土地上房屋征收活动，但不限于城市规划区内。从法律上讲，本条例应当只适用于被征收房屋所有权人，但这并不意味着对因历史原因形成的公房承租人的合法权益有所忽视，而是要区分不同情况，既依法维护好其合法权益，又符合法律的基本精神。因此，本条例虽然

---

① 为便于阅读，本书中相关法律文件名称中的"中华人民共和国"字样都予以省略。

没有对承租人的补偿作出规定，对公房承租人的补偿问题，各地可以自行制定办法，对私房承租人的问题，则应依据相关的法律规范来解决。

公平补偿原则 ➡ 征收和补偿的对象是被征收房屋所有权人，条例强调了对被征收房屋所有权人要给予公平补偿。公平补偿，一方面是指补偿与被征收财产价值相当，体现了政府征收虽然有强制性，但是在补偿上不应让为公共利益作出贡献的被征收人吃亏；另一方面是指对全体被征收人应当适用统一的标准，体现被征收人之间的公平。公平补偿的核心是为被征收财产提供的价值保障，不少于因财产被征收产生的实际损失。这种损失的发现，不是政府根据政策需要采取行政强制手段确定的，而是通过最为有效和公平的市场方式实现的。《条例》在第 19 条为公平补偿确定了实质性的界定标准——"对被征收房屋价值的补偿，不得低于房屋征收决定公告之日被征收房屋类似房地产的市场价格"。当然，公平补偿原则并不限于对被征收房屋价值的补偿，根据《条例》规定，还包括搬迁和临时安置的损失，以及经营性房屋的停产停业损失。除此之外，公平补偿原则还体现在，对生活困难的被拆迁人，虽然给予完全补偿但仍达不到城市居住水平且符合住房保障条件的，应当优先给予住房保障。

实务应用

01. **商业开发利益是否构成征收公益的判断？**①

部分商业开发项目的确包含部分公共利益的因素，有些商业利益项目间接产生的公共利益是不容忽视的，也是社会需要的。但《条例》之所以将非公共利益明确排除在征收范围之外，主要是因为原《城市房屋拆迁管理条例》不区分公共利益和非公共利益拆迁，导致大量商业开发项目拆迁侵犯公民合法居住权益，形成激烈的矛盾对抗，不利于社会和

---

① 参见江必新主编：《国有土地上房屋征收与补偿条例理解与适用》，中国法制出版社 2012 年版，第 31-32 页。

谐稳定。因此，《条例》是对旧拆迁制度非公共利益滥用现象的反向矫正考虑，现阶段对商业利益是否具有公共利益因素，以及公共利益在商业利益中的构成比例，是否可以构成征收公益的判断上，应当从严掌握，但也不能简单否定。

界定的关键不在于征收行为直接受益人的法律地位（行政主体或者私营主体），而是征收追求的目标（征收目的）是否具有公共利益的性质。如果公共福祉需要征收，即使产生有利于私人的效果，征收也具有适法性，尤其是在公共福祉的产生直接来自受益企业的活动时。例如，征收有利于私法组织形式的能源供应企业，而该企业为公众提供电源、煤气等，从而实现公共任务。如果公共福祉仅仅是企业活动的间接结果，而不是企业追求的直接目标，如作为征收目的的企业扩大主要服务于私人利益，但其附属结果符合公共利益，如地区经济结构的改善或者提供就业机会。对于此种利益需要，征收程序应当有更多相关公众参与并享有相应的权利，同时，法院应当在个案中对征收目的进行适法性审查，审查的标准同样是是否符合征收要求的公共利益。此种征收极易在被征收人和受益人（另一私人）之间造成不公平，所以立法者在法律上应当对此种征收的必要性、征收要件和预防补救措施加以尽可能严格和具体的规定。

02. 如何界定"公共利益的需要"？

本《条例》第 8 条列举了六项符合"为了保障国家安全、促进国民经济和社会发展等公共利益的需要"的情形：国防和外交的需要；由政府组织实施的能源、交通、水利等基础设施建设的需要；由政府组织实施的科技、教育、文化、卫生、体育、环境和资源保护、防灾减灾、文物保护、社会福利、市政公用等公共事业的需要；由政府组织实施的保障性安居工程建设的需要；由政府依照城乡规划法有关规定组织实施的对危房集中、基础设施落后等地段进行旧城区改建的需要；法律、行政法规规定的其他公共利益的需要。

01. 对被征收房屋的补偿标准如何确定？①

2011 年 4 月 6 日，泗水县人民政府作出泗政发〔2011〕15 号《泗水县人民政府关于对泗城泗河路东林业局片区和泗河路西古城路北片区实施房屋征收的决定》（以下简称《决定》），其征收补偿方案规定，选择货币补偿的，被征收主房按照该地块多层产权调换安置房的优惠价格补偿；选择产权调换的，安置房超出主房补偿面积的部分由被征收人出资，超出 10 平方米以内的按优惠价结算房价，超出 10 平方米以外的部分按市场价格结算房价；被征收主房面积大于安置房面积的部分，按照安置房优惠价增加 300 元／㎡ 标准给予货币补偿。原告孔某丰的房屋在被征收范围内，其不服该《决定》，提起行政诉讼。

济宁市中级人民法院经审理认为，根据《条例》第 2 条、第 19 条规定，征收国有土地上单位、个人的房屋，应当对被征收房屋所有权人给予公平补偿。对被征收房屋价值的补偿，不得低于房屋征收决定公告之日被征收房屋类似房地产的市场价格。根据立法精神，对被征收房屋的补偿，应参照就近区位新建商品房的价格，以被征收人在房屋被征收后居住条件、生活质量不降低为宜。本案中，优惠价格显然低于市场价格，对被征收房屋的补偿价格也明显低于被征收人的出资购买价格。该征收补偿方案的规定对被征收人显失公平，违反了《条例》的相关规定。故判决：撤销被告泗水县人民政府作出的《决定》。宣判后，各方当事人均未提出上诉。

本案典型意义在于：《条例》第 2 条规定的对被征收人给予公平补偿原则，应贯穿于房屋征收与补偿全过程。无论有关征收决定还是补偿决定的诉讼，人民法院都要坚持程序审查与实体审查相结合，一旦发现

---

① 参见《最高人民法院 2014 年 8 月 29 日发布征收拆迁十大案例》（2015 年 2 月 10 日发布），孔某丰诉泗水县人民政府房屋征收决定案，载最高人民法院网 https：//www. court. gov. cn/zixun/xiangqing/13405. html，最后访问日期：2023 年 5 月 8 日。

补偿方案确定的补偿标准明显低于法定的"类似房地产的市场价格"，即便对于影响面大、涉及人数众多的征收决定，该确认违法的要坚决确认违法，该撤销的要坚决撤销，以有力地维护人民群众的根本权益。

关联参见

《宪法》第 13 条；《民法典》第 243 条；《城市房地产管理法》第 6 条

第三条　【基本原则】 房屋征收与补偿应当遵循决策民主、程序正当、结果公开的原则。

条文解读

本条规定了房屋征收与补偿工作的三个原则，即决策民主、程序正当、结果公开。而除此三个原则之外，房屋征收与补偿应当遵守的原则还有在本《条例》第 2 条中规定的公平补偿。为了突出公平补偿这一原则，加重补偿一定要公平的分量，在立法时特意将其放了第 2 条。公平补偿与上述三个原则共同构成了一个整体，贯穿于整个房屋征收与补偿的工作中。

决策民主原则 ➡ 决策民主原则是指行政机关通过预定的程序、规则和方式，确保决策能广泛吸取各方意见、集中各方智慧、符合本地区实际、反映事物发展规律的制度设计和程序安排。当然，决策民主原则必须有与之相配套的制度、措施、条款作保证，否则就沦为空谈。具体到房屋的征收和补偿制度中就是市、县级人民政府以及房屋征收部门在制定征收和补偿方案前，必须对征收补偿方案进行论证并予以公布，征求公众意见，并且根据公众意见进行调整和修改。因旧城区改建需要征收房屋，多数被征收人不认同征收补偿方案，市、县级人民政府应当组织由被征收人和公众代表参加的听证会，并根据听证会情况修改方案。

程序正当原则 ➡ 程序正当原则首先就是要求行政机关在实施征收

和补偿活动中必须严格依照法律规定的方式、顺序和时限等程序性要求。例如，作出房屋征收决定前，应当按照有关规定进行社会稳定风险评估；房屋征收决定涉及被征收人数量较多的，应当经政府常务会议讨论决定。同时，程序正当原则赋予被征收人在房屋征收决定、补偿协议履行、补偿决定等环节的行政救济权和司法救济权，主要包括：（1）在征收补偿方案制定过程中的提出意见权和参与听证权。（2）被征收人对评估机构的选择权和委托权。（3）获得救济的权利。获得救济的权利是指被征收人认为征收和补偿决定侵犯其合法权益时，可以根据法律的规定提起行政复议或者行政诉讼，请求有关机关审查征收和补偿决定的合法性。所有这些规定都是为了让有关各方能有机会在过程中表达诉求、发表意见，而程序正当是实现这一目的重要保障，也是做好群众工作，顺利推进工作的重要条件。

结果公开原则 ➡ 为了避免征收补偿过程中的暗箱操作，做到公开透明、公平公正，以确保房屋征收与补偿工作的顺利开展，本条明确规定了结果公开的原则。按照该原则的要求，本条例规定了一系列具体的制度措施。例如，在房屋征收与补偿工作中，要求征收补偿方案应当公布，征收补偿方案征求意见情况和根据公众意见修改的情况应当公布，房屋征收决定应当公告，房屋的权属等调查结果应当公布，补偿决定应当公告，分户补偿情况应当公布，对征收补偿费用管理和使用情况的审计结果应当公布等。这样规定既有利于社会各界加强对政府征收与补偿行为的监督，也有利于被征收人之间相互了解情况，防止不公平、不公正的现象发生，也是相信群众、把工作交给群众、接受群众评判，真正走群众路线的重要体现。

实务应用

03. 《条例》对征收程序作了哪些规定？如何体现公开透明和公众参与？

征收程序是规范政府征收行为，维护被征收人合法权益，促使政府做好群众工作的重要保障。《条例》规定征收补偿方案应征求公众意见；因旧城区改建需要征收房屋，多数被征收人认为征收补偿方案不符合本条例规定的，应当组织听证并修改方案；政府作出房屋征收决定前，应当进行社会稳定风险评估；房屋征收决定涉及被征收人数量较多的，应当经政府常务会议讨论决定；被征收房屋的调查结果和分户补偿情况应当公布；被征收人对征收决定和补偿决定不服的，可以依法申请行政复议或者提起行政诉讼；审计机关应当加强审计。

案例指引

02. 政府房屋征收补偿的程序正当性如何认定？[①]

2015 年 4 月 3 日，江苏省盐城市亭湖区人民政府（以下简称亭湖区政府）作出涉案青年路北侧地块建设项目房屋征收决定并予公告，同时公布了征收补偿实施方案，确定亭湖区住房和城乡建设局（以下简称亭湖区住建局）为房屋征收部门。谷某梁、孟某林两人的房屋位于征收范围内。其后，亭湖区住建局公示了 4 家评估机构，并按法定方式予以确定。2015 年 4 月 21 日，该局公示了分户初步评估结果，并告知被征收人 10 日内可申请复估。后给两人留置送达了《房屋分户估价报告单》《装饰装潢评估明细表》《附属物评估明细表》，两人未书面申请复估。2016 年 7 月 26 日，该局向两人发出告知书，要求其选择补偿方式，逾期将提请亭湖区政府作出征收补偿决定。两人未在告知书指定期限内选择，也未提交书面意见。2016 年 10 月 10 日，亭湖区政府作出征收补偿决定书，经公证后向两人送达，且在征收范围内公示。两人不服，以亭湖区政府为被告提起行政诉讼，请求撤销上述征收补偿决定书。

盐城市中级人民法院一审认为，亭湖区政府具有作出征收补偿决定的法定职权。在征收补偿过程中，亭湖区住建局在被征收人未协商选定

[①] 参见《人民法院征收拆迁典型案例（第二批）》（2018 年 5 月 15 日发布），谷某梁、孟某林诉江苏省盐城市亭湖区人民政府房屋征收补偿决定案，载最高人民法院网 https://www.court.gov.cn/zixun-xiangqing-95912.html，最后访问日期：2023 年 5 月 8 日。

评估机构的情况下，在公证机构的公证下于 2015 年 4 月 15 日通过抽签方式依法确定某禾估价公司为评估机构。亭湖区政府根据谷某梁、孟某林的户籍证明、房屋登记信息表等权属证明材料，确定被征收房屋权属、性质、用途及面积等，并将调查结果予以公示。涉案评估报告送达给谷某梁、孟某林后，其未在法定期限内提出异议。亭湖区政府依据分户评估报告等材料，确定涉案房屋、装饰装潢、附属物的价值，并据此确定补偿金额，并无不当。征收部门其后书面告知两人有权选择补偿方式。在两人未在规定期限内选择的情形下，亭湖区政府为充分保障其居住权，根据亭湖区住建局的报请，按照征收补偿方案作出房屋征收补偿决定，确定产权调换的补偿方式进行安置，依法向其送达。被诉决定认定事实清楚，适用法律、法规正确，程序合法，故判决驳回原告诉讼请求。一审宣判后，双方均未上诉。

"正义不仅要实现，而且要以看得见的方式实现"。科学合理的程序可以保障人民群众的知情权、参与权、陈述权和申辩权，促进实体公正。程序正当性在推进法治政府建设过程中具有独立的实践意义和理论价值，此既是党的十九大对加强权力监督与运行机制的基本要求，也是法治发展到一定阶段推进依法行政、建设法治政府的客观需要。《条例》确立了征收补偿应当遵循决策民主、程序正当、结果公开原则，并对评估机构选择、评估过程运行、评估结果送达以及申请复估、申请鉴定等关键程序作了具有可操作性的明确规定。在房屋征收补偿过程中，行政机关不仅要做到实体合法，还必须做到程序正当。本案中，人民法院结合被诉征收补偿决定的形成过程，着重从评估机构的选定、评估事项的确定、评估报告的送达、评估异议以及补偿方式的选择等多个程序角度，分析了亭湖区政府征收全过程的程序正当性，进而肯定了安置补偿方式与结果的合法性。既强调被征收人享有的应受法律保障的程序与实体权利，也支持了本案行政机关采取的一系列正确做法，有力地发挥了司法监督作用，对于确立相关领域的审查范围和审查标准，维护公共利益具有示范意义。

第四条 【行政管辖】市、县级人民政府负责本行政区域的房屋征收与补偿工作。

市、县级人民政府确定的房屋征收部门（以下称房屋征收部门）组织实施本行政区域的房屋征收与补偿工作。

市、县级人民政府有关部门应当依照本条例的规定和本级人民政府规定的职责分工，互相配合，保障房屋征收与补偿工作的顺利进行。

条文解读

行政管辖的三层含义 ➡ 一是房屋征收与补偿的主体是市、县级人民政府；二是房屋征收与补偿工作由市、县级人民政府确定的房屋征收部门组织实施；三是市、县级人民政府有关部门应当按照职责分工，互相配合，保障房屋征收与补偿工作的顺利进行。

实务应用

04. 负责征收与补偿工作的"市、县级人民政府"具体范围和职责是什么？

市级人民政府，主要包括除直辖市以外的设区的市、直辖市所辖区、自治州人民政府等；县级人民政府，主要包括不设区的市、市辖区（直辖市所辖区除外）、县、自治县人民政府等。按照《条例》的规定，设区的市及其所辖区的人民政府都有房屋征收权。这两级人民政府在征收权限划分上，各自承担什么样的职责，原则上由设区的市人民政府确定。市、县级人民政府的职责主要有：组织有关部门论证和公布征收补偿方案，征求公众意见；对征收补偿方案的征求意见情况和修改情况进行公布，以及在因旧城区改建需要征收房屋、多数人不同意的情况下举行听证会；对房屋征收进行社会稳定风险评估；依法作出房屋征收决定并公布；制定房屋征收的补助和奖励办法；组织有关部门对征收范围内未经登记的建筑进行调查、认证和处理；依法作出房屋征收补偿决定等。

05. 房屋征收部门设置的形式和职责是什么？

根据本《条例》的规定，市、县级人民政府确定房屋征收部门组织实施房屋征收补偿工作。房屋征收部门设置的形式一般有两种，一是市、县级人民政府设立专门的房屋征收部门；二是在现有的部门（如房地产管理部门、建设主管部门）中，确定一个部门作为房屋征收部门。

房屋征收部门的职责主要有：委托房屋征收实施单位承担房屋征收与补偿的具体工作，并对委托实施的房屋征收与补偿行为进行监督；拟定征收补偿方案，并报市、县级人民政府；组织对征收范围内房屋的权属、区位、用途、建筑面积等情况进行调查登记，并公布调查结果；书面通知有关部门暂停办理房屋征收范围内的新建、扩建、改建房屋和改变房屋用途等相关手续；与被征收人签订补偿协议；与被征收人在征收补偿方案确定的签约期限内达不成补偿协议或者被征收房屋所有权人不明确的，报请作出决定的市、县级人民政府作出补偿决定；依法建立房屋征收补偿档案，并将分户补偿情况在房屋征收范围内向被征收人公布。

关联参见

《土地管理法》第 5 条、第 67 条；《城市房地产管理法》第 7 条

第五条　【房屋征收实施单位】房屋征收部门可以委托房屋征收实施单位，承担房屋征收与补偿的具体工作。房屋征收实施单位不得以营利为目的。

房屋征收部门对房屋征收实施单位在委托范围内实施的房屋征收与补偿行为负责监督，并对其行为后果承担法律责任。

条文解读

房屋征收实施单位 ➡ 本条明确了房屋征收部门可以委托房屋征收实施单位承担房屋征收补偿的具体工作，且房屋征收实施单位不得以营

利为目的，其所需工作经费应当由政府财政予以保障。房屋征收部门应当加强对房屋征收实施单位的管理，对房屋征收实施单位的行为后果承担法律责任。

房屋征收部门委托房屋征收实施单位承担房屋征收补偿的具体工作一般包括：协助进行调查、登记，协助编制征收补偿方案，协助进行房屋征收与补偿政策的宣传、解释，就征收补偿的具体问题与被征收人协商，协助组织征求意见、听证、论证、公示以及组织对被征收房屋的拆除等。

房屋征收部门应对房屋征收实施单位从事房屋征收业务的人员进行专业培训和考核，房屋征收实施单位从事房屋征收业务的人员应能熟悉掌握与征收相关的法律、法规、政策以及其他业务知识等。

房屋征收部门应当加强对受委托的房屋征收实施单位的指导、监督和检查，促使其掌握政策、熟悉业务、接受群众监督、遵守职业道德、规范征收行为、减少矛盾纠纷，保护被征收人的合法权益。

房屋征收部门对房屋征收实施单位在委托权限范围内实施的行为承担责任。房屋征收部门应与房屋征收实施单位签订委托合同，明确委托权限和范围以及双方的权利义务，加强对受委托单位的监督。

第六条　【主管部门】上级人民政府应当加强对下级人民政府房屋征收与补偿工作的监督。

国务院住房城乡建设主管部门和省、自治区、直辖市人民政府住房城乡建设主管部门应当会同同级财政、国土资源、发展改革等有关部门，加强对房屋征收与补偿实施工作的指导。

条文解读

房屋征收与补偿工作的监督者和指导者 ➡ 明确了由上级人民政府加强对下级人民政府房屋征收与补偿工作的层级监督制度和由各级住房城乡建设主管部门会同同级有关部门对房屋征收与补偿工作的指导制度。

06. 上级人民政府对下级人民政府的房屋征收与补偿工作如何进行监督？

《条例》第6条第1款规定了上级人民政府的层级监督。其监督形式既包括主动进行的检查、考核和个案监督，也包括依照本《条例》第7条规定对单位或者个人的举报进行核实、处理，还包括对被征收人依照本《条例》第14条、第26条第3款规定提起的行政复议案件依法进行处理。

上级人民政府发现市、县级人民政府的房屋征收与补偿行为违反本条例规定的，可以依照本《条例》第30条的规定对有关工作人员责令改正、通报批评、依法给予行政处分，造成损失的，依法承担赔偿责任。对于依照本《条例》第14条、第26条第3款规定提起的行政复议案件，复议机关应当依照《行政复议法》等法律、行政法规的规定予以处理。

07. 主管部门怎样加强对房屋征收与补偿实施工作的指导？

根据《条例》第6条第2款的规定，国务院住房城乡建设主管部门会同有关部门负责指导全国的房屋征收与补偿实施工作，省级人民政府住房城乡建设主管部门会同有关部门负责指导本省、自治区、直辖市的房屋征收与补偿实施工作。承担指导职责的主管部门应当全面了解管辖范围内房屋征收与补偿实施工作的情况，及时发现、协调解决有关问题，督促市、县级人民政府房屋征收部门和其他有关部门依法行使职权、履行职责。

关联参见

《地方各级人民代表大会和地方各级人民政府组织法》第59条、第66条

第七条　【举报与监察】任何组织和个人对违反本条例规定的行为，都有权向有关人民政府、房屋征收部门和其他有关部门举报。接到举报的有关人民政府、房屋征收部门和其他有关部门对举报应当及时核实、处理。

监察机关应当加强对参与房屋征收与补偿工作的政府和有关部门或者单位及其工作人员的监察。

条文解读

举报人 ➡ 举报人可以是任何组织和个人，既包括被征收人和利害关系人，如被征收人的亲属、被征收房屋的抵押权人、被征收人所负债务的债权人，也包括与征收活动没有利害关系的组织和个人。

举报接受人 ➡ 举报接受人包括作出征收决定的市、县级人民政府及其房屋征收部门和财政、自然资源等其他有关部门以及审计、监察部门。举报接收人在收到举报后要先核实再处理，且要及时进行，同时应当对举报事项、与举报人相关的信息等予以保密。监察机关对参与房屋征收与补偿工作的政府和有关部门或者单位及其工作人员进行监察工作时要依法行使职权，不受其他行政部门、社会团体和个人的干涉。

实务应用

08. 举报内容的范围是什么？

举报的内容既包括人民政府、人民政府工作部门及其工作人员的行为，如违反规定作出房屋征收决定，违反规定给予补偿，政府工作人员不履行职责、滥用职权、玩忽职守、徇私舞弊，贪污、挪用、私分、截留、拖欠征收补偿费用等，也包括参与房屋征收与补偿活动的有关组织及其工作人员的行为，如采取非法方式迫使被征收人搬迁、出具虚假或者有重大差错的评估报告等，还包括被征收人的行为，如在房屋征收范围确定后在房屋征收范围内实施新建、扩建、改建房屋和改变房屋用途等不当增加补偿费用的行为等。

09. 监察机关在房屋征收与补偿工作中的职权有哪些?

各级监察委员会是行使国家监察职能的专责机关,依照《监察法》对所有公职人员进行监察,调查职务违法和职务犯罪,开展廉政建设和反腐败工作,维护宪法和法律的尊严。《条例》第7条第2款明确规定,监察机关应当加强对参与房屋征收与补偿工作的人民政府和有关部门或者单位及其工作人员的监察,这既是监察机关的一项重要职权,也是一项重要职责。监察委员会依照法律规定独立行使监察权,不受行政机关、社会团体和个人的干涉。监察机关办理职务违法和职务犯罪案件,应当与审判机关、检察机关、执法部门互相配合,互相制约。监察机关在工作中需要协助的,有关机关和单位应当根据监察机关的要求依法予以协助。

第二章　征　收　决　定

第八条　【征收情形】 为了保障国家安全、促进国民经济和社会发展等公共利益的需要,有下列情形之一,确需征收房屋的,由市、县级人民政府作出房屋征收决定:

(一) 国防和外交的需要;

(二) 由政府组织实施的能源、交通、水利等基础设施建设的需要;

(三) 由政府组织实施的科技、教育、文化、卫生、体育、环境和资源保护、防灾减灾、文物保护、社会福利、市政公用等公共事业的需要;

(四) 由政府组织实施的保障性安居工程建设的需要;

(五) 由政府依照城乡规划法有关规定组织实施的对危房集中、基础设施落后等地段进行旧城区改建的需要;

(六) 法律、行政法规规定的其他公共利益的需要。

条文解读

公共利益界定的规定 ➡ "公益征收"条款是《条例》的亮点之一,

其具体化列举有利于"源头"上限制假借公益名义侵犯公民财产权利的政府行为。以往的讨论常常以"公共利益"无法界定为由将主要奖励投诸于补偿标准上,这就降低了财产权保护的层次和效力。"公共利益"就像法律中的许多其他概念一样,尽管无法作出最为精确的界定,但这就是法律本身的局限,在制度安排上还是可以通过经验性的列举和程序化的控制来加以落实的。本条例可以说在立法上首次界定了公共利益,明确将因国防和外交的需要,由政府组织实施的能源、交通、水利、科教文卫体、资源环保、防灾减灾、文物保护、社会福利、市政公用等公共事业以及保障性安居工程建设、旧城区改建等纳入公共利益范畴。同时,本条还明确了征收房屋应当由市、县级人民政府作出房屋征收决定。

实务应用

10. 属于公共利益的六项情形的具体内容及其依据是什么?

(1)《国防法》第 2 条规定:"国家为防备和抵抗侵略,制止武装颠覆和分裂,保卫国家主权、统一、领土完整、安全和发展利益所进行的军事活动,以及与军事有关的政治、经济、外交、科技、教育等方面的活动,适用本法。"本条中的"国防需要"指的是国防设施建设的需要。外交是一个国家在国际关系方面的活动,本条所称"外交的需要"主要是指使领馆建设的需要。

(2)基础设施是指为社会生产和居民生活进行公共服务的工程设施,是用于保证国家或地区社会经济活动正常进行的公共服务系统。根据《划拨用地目录》的规定,能源、交通、水利等基础设施包括石油天然气设施、煤炭设施、电力设施、水利设施、铁路交通设施、公路交通设施、水路交通设施、民用机场设施等。

(3)公共事业是指面向社会,以满足社会公共需要为基本目标、直接或者间接提供公共服务的社会活动。本条列举了由政府组织实施的科技、教育、文化、卫生、体育、环境和资源保护、防灾减灾、文物保护、社会福利、市政公用等公共事业属于公共利益。

（4）由政府组织实施的保障性安居工程建设。根据《国务院办公厅关于促进房地产市场平稳健康发展的通知》的规定，保障性安居工程大致包括三类：第一类是城市和国有工矿棚户区改造，以及林区、垦区棚户区改造；第二类是廉租住房、经济适用住房、限价商品住房、公共租赁住房等；第三类是农村危房改造。国有土地上房屋征收一般只涉及前两类。

（5）由政府依照《城乡规划法》有关规定组织实施的对危房集中、基础设施落后等地段进行旧城区改建的需要。《城乡规划法》第31条第1款规定："旧城区的改建，应当保护历史文化遗产和传统风貌，合理确定拆迁和建设规模，有计划地对危房集中、基础设施落后等地段进行改建。"

（6）法律、行政法规规定的其他公共利益。《土地管理法》《城市房地产管理法》《公益事业捐赠法》《招标投标法》《信托法》《测绘法》《海域使用管理法》等法律都有涉及公共利益的规定，但尚未明确界定"公共利益"。

11. 可以收回国有土地使用权的情形有哪些？

依据《土地管理法》第58条的规定，有下列情形之一的，由有关人民政府自然资源主管部门报经原批准用地的人民政府或者有批准权的人民政府批准，可以收回国有土地使用权：（1）为实施城市规划进行旧城区改建以及其他公共利益需要，确需使用土地的；（2）土地出让等有偿使用合同约定的使用期限届满，土地使用者未申请续期或者申请续期未获批准的；（3）因单位撤销、迁移等原因，停止使用原划拨的国有土地的；（4）公路、铁路、机场、矿场等经核准报废的。依照前款第（1）项的规定收回国有土地使用权的，对土地使用权人应当给予适当补偿。

关联参见

《宪法》第13条；《民法典》第243条；《城市房地产管理法》第6条

第九条 【征收相关建设的要求】 依照本条例第八条规定，确需征收房屋的各项建设活动，应当符合国民经济和社会发展规划、土地利用总体规划、城乡规划和专项规划。保障性安居工程建设、旧城区改建，应当纳入市、县级国民经济和社会发展年度计划。

制定国民经济和社会发展规划、土地利用总体规划、城乡规划和专项规划，应当广泛征求社会公众意见，经过科学论证。

条文解读

征收房屋的前提和要求 ➡ 本条在第 8 条的基础上，从另一个角度进一步明确征收房屋的前提和要求。前提是，确需征收房屋的各项建设活动应当符合国民经济和社会发展规划、土地利用总体规划、城乡规划和专项规划。要求是，保障性安居工程建设、旧城区改建，应当纳入市、县级国民经济和社会发展年度计划。制定国民经济和社会发展规划、土地利用总体规划、城乡规划和专项规划，应当广泛征求社会公众意见，经过科学论证。

本条主要分三个层次对这一控制机制进行了具体化：第 1 款规定了普通项目的规划控制和特殊项目的计划控制；第 2 款规定了规划控制中"规划"制定的程序性要求。

（1）普通项目的规划控制。针对普通建设项目，规划控制主要包含四个方面：

一是国民经济和社会发展规划。国民经济和社会发展规划是最高层次的规划，是国家加强和改善宏观调控的重要手段，也是政府履行经济调节、市场监管、社会管理和公共服务职责的重要依据。国民经济和社会发展规划实行三级三类规划管理体系，即按行政层级分为国家级规划、省（区、市）级规划、市县级规划；按对象和功能类别分为总体规划、专项规划、区域规划。总体规划是国民经济和社会发展的战略性、纲领性、综合性规划，是编制本级和下级专项规划、区域规划以及制定有关政策和年度计划的依据，其他规划要符合总体规划的要求。专项规划是以国民经济和社会发展特定领域为对象编制的规划，是总体规划在特定领域的细化，也是政府指导该领域发展以及审批、核准重大项目，安排政府投资和财政支出预算，制定特定领域相关政策的依据。区域规划是以跨行政区的特定区域国民经济和社会发展为对象编制的规划，是总体规划在特定区域的细化和落实。跨省（区、市）的区域规划是编制区域内省（区、市）级总体规划、专项规划的依据。国家总体规划、省（区、市）级总体规划和区域规划的规划期一般为 5 年，可以展望到 10 年以上。市县级总体规划和各类专项规划的规划期可根据需要确定。

二是土地利用总体规划。土地利用总体规划是指，在一定区域内，根据国家社会经济可持续发展的要求和当地自然、经济、社会条件，对土地的开发、利用、治理、保护在空间上、时间上所作出的总体安排和布局。该规划是《土地管理法》第 15 条第 1 款的明确要求，即"各级人民政府应当依据国民经济和社会发展规划、国土整治和资源环境保护的要求、土地供给能力以及各项建设对土地的需求，组织编制土地利用总体规划"。第 17 条规定了土地总体规划编制的具体原则，即土地利用总体规划按照下列原则编制：①落实国土空间开发保护要求，严格土地用途管制；②严格保护永久基本农田，严格控制非农业建设占用农用地；③提高土地节约集约利用水平；④统筹安排城乡生产、生活、生态用地，满足乡村产业和基础设施用地合理需求，促进城乡融合发展；⑤保护和改善生态环境，保障土地的可持续利用；⑥占用耕地与开发复垦耕地数量平衡、质量相当。土地与房屋建设活动密切相关，因此，相关建设活动必须符合土地规划要求。

三是城乡规划。这是《城乡规划法》规定的规划控制机制。该法第 2 条界定了"城乡规划"的具体内涵及相关联的"规划区"的概念，即"本法所称城乡规划，包括城镇体系规划、城市规划、镇规划、乡规划和村庄规划。城市规划、镇规划分为总体规划和详细规划。详细规划分为控制性详细规划和修建性详细规划。本法所称规划区，是指城市、镇和村庄的建成区以及因城乡建设和发展需要，必须实行规划控制的区域。规划区的具体范围由有关人民政府在组织编制的城市总体规划、镇总体规划、乡规划和村庄规划中，根据城乡经济社会发展水平和统筹城乡发展的需要划定。"

四是专项规划。这是《城乡规划法》第17条规定的规划控制机制，是城市总体规划的内容之一。

（2）特殊项目的计划控制。根据本条第1款的规定，针对两类特殊项目——保障性安居工程建设和旧城区改建——除了需要满足以上四个层次的规划的交叉控制之外，还需要满足年度计划控制的要求。

实务应用

12. 土地利用总体规划如何审批？

土地利用总体规划实行分级审批。省、自治区、直辖市的土地利用总体规划，报国务院批准。省、自治区人民政府所在地的市、人口在一百万以上的城市以及国务院指定的城市的土地利用总体规划，经省、自治区人民政府审查同意后，报国务院批准。除此以外的土地利用总体规划，逐级上报省、自治区、直辖市人民政府批准；其中，乡（镇）土地利用总体规划可以由省级人民政府授权的设区的市、自治州人民政府批准。土地利用总体规划一经批准，必须严格执行。

13. 经批准的土地利用总体规划是否可以修改？

经批准的土地利用总体规划的修改，须经原批准机关批准；未经批准，不得改变土地利用总体规划确定的土地用途。经国务院批准的大型能源、交通、水利等基础设施建设用地，需要改变土地利用总体规划的，根据国务院的批准文件修改土地利用总体规划。经省、自治区、直辖市人民政府批准的能源、交通、水利等基础设施建设用地，需要改变土地利用总体规划的，属于省级人民政府土地利用总体规划批准权限内的，根据省级人民政府的批准文件修改土地利用总体规划。

14. 公众如何参与城乡规划的编制？

依据《城乡规划法》第 26 条的规定，城乡规划报送审批前，组织编制机关应当依法将城乡规划草案予以公告，并采取论证会、听证会或者其他方式征求专家和公众的意见。公告的时间不得少于 30 日。组织编制机关应当充分考虑专家和公众的意见，并在报送审批的材料中附具意见采纳情况及理由。

15. 保障性安居工程主要有哪些?

依据《国务院关于同意成立保障性安居工程协调小组的批复》中的有关规定，保障性安居工程主要是指廉租住房建设、棚户区改造和农村危房改造试点。依据《廉租住房保障办法》第 13 条的规定，廉租住房建设用地，应当在土地供应计划中优先安排，并在申报年度用地指标时单独列出，采取划拨方式，保证供应。廉租住房建设用地的规划布局，应当考虑城市低收入住房困难家庭居住和就业的便利。廉租住房建设应当坚持经济、适用原则，提高规划设计水平，满足基本使用功能，应当按照发展节能省地环保型住宅的要求，推广新材料、新技术、新工艺。廉租住房应当符合国家质量安全标准。

案例指引

03. 房屋征收过程中，因规划不合理致使建筑的一部分未纳入规划红线范围，未纳入规划的部分被征收是否合理?[①]

2007 年 10 月 16 日，株洲市房产管理局向湖南某职业技术学院作出株房拆迁字〔2007〕第 19 号《房屋拆迁许可证》，杨某芬的部分房屋在拆迁范围内，在拆迁许可期内未能拆迁。2010 年，株洲市人民政府启动神农大道建设项目。2010 年 7 月 25 日，株洲市发展改革委员会批

---

① 参见《最高人民法院 2014 年 8 月 29 日发布征收拆迁十大案例》（2015 年 2 月 10 日发布），杨某芬诉株洲市人民政府房屋征收决定案，载最高人民法院网 https://www.court.gov.cn/zixun/xiangqing/13405.html，最后访问日期：2023 年 5 月 8 日。

准立项。2011 年 7 月 14 日，株洲市规划局颁发了株规用［2011］0066号《建设用地规划许可证》。杨某芬的房屋位于泰山路与规划的神农大道交汇处，占地面积 418m²，建筑面积 582.12m²，房屋地面高于神农大道地面 10 余米，部分房屋在神农大道建设项目用地红线范围内。2011年 7 月 15 日，株洲市人民政府经论证公布了《神农大道项目建设国有土地上房屋征收补偿方案》征求公众意见。2011 年 9 月 15 日，经社会稳定风险评估为 C 级。2011 年 9 月 30 日，株洲市人民政府发布了修改后的补偿方案，并作出了［2011］第 1 号《株洲市人民政府国有土地上房屋征收决定》（以下简称《征收决定》），征收杨某芬的整栋房屋，并给予合理补偿。

杨某芬不服，以"申请人的房屋在湖南某职业技术学院新校区项目建设拆迁许可范围内，被申请人作出征收决定征收申请人的房屋，该行为与原已生效的房屋拆迁许可证冲突"和"原项目拆迁方和被申请人均未能向申请人提供合理的安置补偿方案"为由向湖南省人民政府申请行政复议。复议机关认为，原拆迁人湖南某职业技术学院取得的《房屋拆迁许可证》已过期，被申请人依据《国有土地上房屋征收与补偿条例》的规定征收申请人的房屋并不违反法律规定。申请人的部分房屋在神农大道项目用地红线范围内，且房屋地平面高于神农大道地平面 10余米，房屋不整体拆除将存在严重安全隐患，属于确需拆除的情形，《征收决定》内容适当，且作出前也履行了相关法律程序，故复议机关作出复议决定维持了《征收决定》。杨某芬其后以株州市人民政府为被告提起行政诉讼，请求撤销《征收决定》。

株洲市天元区人民法院一审认为，关于杨某芬提出株洲市人民政府作出的［2011］第 1 号《征收决定》与株洲市房产管理局作出的株房拆迁字［2007］第 19 号《房屋拆迁许可证》主体和内容均相冲突的诉讼理由，因［2007］第 19 号《房屋拆迁许可证》已失效，神农大道属于新启动项目，两份文件并不存在冲突。关于杨某芬提出征收其红线范围外的房屋违法之主张，因其部分房屋在神农大道项目用地红线范围内，征收系出于公共利益需要，且房屋地面高于神农大道地面 10 余米，不整体拆除将产生严重安全隐患，整体征收拆除符合实际。杨某芬认为神农大道建设项目没有取得建设用地批准书。2011 年 7 月 14 日，株洲市规划局为神农大道建设项目颁发了株规用〔2011〕0066 号《建设用地规划许可证》。杨某芬认为株洲市规划局在复议程序中出具的说明不能作为超范围征收的依据。株洲市规划局在复议程序中出具的说明系另一法律关系，非本案审理范围。株洲市人民政府作出的〔2011〕第 1 号《征收决定》事实清楚，程序合法，适用法律、法规正确，判决维持。

株洲市中级人民法院二审认为，本案争议焦点为株洲市人民政府作出的〔2011〕第 1 号《征收决定》是否合法。2010 年，株洲市人民政府启动神农大道建设项目，株洲市规划局于 2011 年 7 月 14 日颁发了株规用〔2011〕0066 号《建设用地规划许可证》。杨某芬的部分房屋在神农大道建设项目用地红线范围内，虽然征收杨某芬整栋房屋超出了神龙大道的专项规划，但征收其房屋系公共利益需要，且房屋地面高于神农大道地面 10 余米，如果只拆除规划红线范围内部分房屋，未拆除的规划红线范围外的部分房屋将人为变成危房，失去了房屋应有的价值和作用，整体征收杨某芬的房屋，并给予合理补偿符合实际情况，也是人民政府对人民群众生命财产安全担当责任的表现。判决驳回上诉，维持原判。

本案典型意义在于：在房屋征收过程中，如果因规划不合理，致使整幢建筑的一部分未纳入规划红线范围，则政府出于实用性、居住安全性等因素考虑，将未纳入规划的部分一并征收，该行为体现了以人为本，有利于征收工作顺利推进。人民法院认可相关征收决定的合法性，不赞成过于片面、机械地理解法律。

关联参见

《城乡规划法》第 4 条、第 9 条、第 26 条、第 31 条；《城市危险房屋管理规定》第 2 条、第 6 条；《廉租住房保障办法》第 13 条

第十条　【征收补偿方案】 房屋征收部门拟定征收补偿方案，报市、县级人民政府。

市、县级人民政府应当组织有关部门对征收补偿方案进行论证并予以公布，征求公众意见。征求意见期限不得少于 30 日。

条文解读

征收补偿方案的拟定 ➡ 本条第 1 款规定了市、县级人民政府确定的房屋征收部门组织实施房屋征收与补偿工作，由房屋征收部门拟定征收补偿方案，旨在规范征收补偿程序，减少征收补偿中的矛盾纠纷。根据《条例》第 4 条的规定，该部门是由市、县级人民政府确定的组织实施本行政区域的房屋征收与补偿工作的职能部门。该款还规定了征收补偿方案的报送对象是市、县级人民政府，这是房屋征收决定的权力主体。

征收补偿方案的论证程序 ➡ 本条第 2 款规定了征收补偿方案的部门论证程序。收到房屋征收部门上报的征收补偿方案后，市、县级人民政府应当组织发展改革、城乡规划、自然资源、生态环境、文物保护、财政、建设等有关部门对征收补偿方案是否符合本条例及其他有关法律法规的规定进行论证。新条例最终版本取消了"专家论证"的环节，但在第 12 条的"社会稳定风险评估"中可能涉及专家论证。经过部门论证并予以相应修订的征收补偿方案将进入面向公众的公告评论程序。

公开征求意见的程序 ➡ 本条第 2 款同时规定了公开征求意见的程序。对征收补偿方案进行论证、修改后，市、县级人民政府应当予以公布，征求公众意见，明确征求意见的期限不得少于 30 日。其主要目的是为了规范政府的征收活动，切实保证在征收、补偿活动过程中统筹兼顾公共利益和被征收人利益，进一步扩大公众参与，保障公众的知情权、参与权、建议权。

16. 房屋征收部门拟定征收补偿方案的原则有哪些？

合法。即征收补偿方案的内容应当符合本条例规定，如补偿方式、征收评估、保障被征收人居住条件等。

合理。即征收补偿方案的内容应当是大多数人都能够接受的，征收范围大小合适，补偿标准公正公平，设定的奖励应当科学。

可行。征收补偿方案的内容，除符合法律法规规定外，还应当因地制宜，符合当地的实际情况，如考虑当地的气候条件、风俗习惯、宗教信仰等因素。

17. 对征收补偿方案进行论证包括哪些方面？

征收补偿方案的论证内容包括需用地的建设项目是否符合国民经济和社会发展规划、土地利用总体规划、城乡规划和专项规划，房屋征收范围是否科学合理，征收补偿方案是否公平等。

案例指引

04. 房屋征收部门制定房屋征收补偿方案需要注意什么？[①]

2012 年 1 月，永昌县人民政府拟定《永昌县某海子景区建设项目国有土地上房屋征收补偿方案》，向社会公众公开征求意见。期满后，作出《关于永昌县某海子景区建设项目涉及国有土地上房屋征收的决定》并予以公告。原告毛某荣、刘某华、毛某峰（系夫妻、父子关系）共同共有的住宅房屋一处（面积 276 平方米）、工业用房一处（面积775.8 平方米）均在被征收范围内。经房屋征收部门通知，毛某荣等人选定评估机构对被征收房屋进行评估。评估报告作出后，毛某荣等人以

① 参见《最高人民法院 2014 年 8 月 29 日发布征收拆迁十大案例》（2015 年 2 月 10 日发布），毛某荣诉永昌县人民政府房屋征收补偿决定案，载最高人民法院网 https://www.court.gov.cn/zixun/xiangqing/13405.html，最后访问日期：2023 年 5 月 8 日。

漏评为由申请复核，评估机构复核后重新作出评估报告，并对漏评项目进行了详细说明。同年12月26日，房屋征收部门就补偿事宜与毛某荣多次协商无果后，告知其对房屋估价复核结果有异议可依据《国有土地上房屋征收评估办法》，在接到通知之日起10日内向金昌市房地产价格评估专家委员会申请鉴定。毛某荣在规定的期限内未申请鉴定。2013年1月9日，县政府作出永政征补（2013）第1号《关于国有土地上毛某荣房屋征收补偿决定》，对涉案被征收范围内住宅房屋、房屋室内外装饰、工业用房及附属物、停产停业损失等进行补偿，被征收人选择货币补偿，总补偿款合计人民币1842612元。毛某荣、刘某华、毛某峰认为补偿不合理，补偿价格过低，向市政府提起行政复议。复议机关经审查维持了县政府作出的征收补偿决定。毛某荣、刘某华、毛某峰不服，提起行政诉讼，请求撤销征收补偿决定。

金昌市中级人民法院审理认为，县政府为公共事业的需要，组织实施县城北海子生态保护与景区规划建设，有权依照《国有土地上房屋征收与补偿条例》的规定，征收原告国有土地上的房屋。因房屋征收部门与被征收人在征收补偿方案确定的签约期限内未达成补偿协议，县政府具有依法按照征收补偿方案作出补偿决定的职权。在征收补偿过程中，评估机构系原告自己选定，该评估机构具有相应资质，复核评估报告对原告提出的漏评项目已作出明确说明。原告对评估复核结果虽有异议，但在规定的期限内并未向金昌市房地产价格评估专家委员会申请鉴定。因此，县政府对因征收行为给原告造成的住宅房屋及其装饰、工业用房及其附属物、停产停业损失等给予补偿，符合《甘肃省实施〈国有土地上房屋征收与补偿条例〉若干规定》的相关规定。被诉征收补偿决定认定事实清楚，适用法律、法规正确，程序合法。遂判决：驳回原告毛某荣、刘某华、毛某峰的诉讼请求。宣判后，各方当事人均未提出上诉。

本案的典型意义在于：人民法院通过发挥司法监督作用，对合乎法律法规的征收补偿行为给予有力支持。在本案征收补偿过程中，征收部门在听取被征收人对征收补偿方案的意见、评估机构选择、补偿范围确定等方面，做的比较充分到位，保障了当事人知情权、参与权，体现了公开、公平、公正原则。通过法官释法明理，原告逐步消除了内心疑虑和不合理的心理预期，不仅未上诉，其后不久又与征收部门达成补偿协议，公益建设项目得以顺利推进，案件处理取得了较好的法律效果和社会效果。

关联参见

《政府信息公开条例》第 21 条

第十一条　【旧城区改建】市、县级人民政府应当将征求意见情况和根据公众意见修改的情况及时公布。

因旧城区改建需要征收房屋，多数被征收人认为征收补偿方案不符合本条例规定的，市、县级人民政府应当组织由被征收人和公众代表参加的听证会，并根据听证会情况修改方案。

条文解读

这里的"多数"应当理解为半数以上。旧城区改建既涉及被征收人的个人利益，又涉及城市发展的公共利益，参加听证会的代表应当包括被征收人代表和社会各界公众代表。市、县级人民政府应当听取公众意见，就房屋征收补偿方案等群众关心的问题进行说明。

在征求公众意见结束之后，政府应及时公布相关情况，内容包括：（1）征求意见情况；（2）根据公众意见修改的情况。"征求意见情况"应包括公众意见的数量、类型、意见要点等。"根据公众意见修改的情况"应包括：采纳公众意见的具体条款、修改方案及理由；未采纳公众意见的具体条款、不予修改的理由等。

18. 旧城区改建的听证会程序包括哪些内容？

听证会是行政决策中最为严格的公众参与形式。由于旧城区改建涉及特定多数人的实际财产权益，社会影响面较大，因此适合采用听证会这样的严格程序。这里的听证会程序属于强制性听证，即只要满足法定条件，政府就必须启动听证会程序，而不是由政府来裁量是否举行听证。根据《条例》第11条规定，旧城区改建听证会的法定条件如下：（1）"需要征收房屋"，而不是在旧城区的空闲位置进行设施配套或对旧城区房屋进行基础设施的维护；（2）"多数征收人"反对征收补偿方案，这个"多数"根据通常理解并结合法律规则的解释原则，应确定为简单多数，即超过"50%"即可；（3）反对的理由限定为"征收补偿方案不符合《条例》规定"，这里需要明确两点，一是这是一个主观要件，即只要"多数征收人认为"不符合即可启动听证会程序；二是"《条例》规定"涵盖《条例》的立法目的、基本原则、主体资格和程序规定，非常宽泛，政府不得在具体征收个案中在满足"简单多数"的主观要件的情况下援引《条例》的具体规定否决被征收人关于举行听证会的提议。

在满足听证会的启动条件之后，市、县人民政府即应着手进行听证会的准备工作。根据《条例》第11条第2款的规定，听证代表包括：（1）被征收人；（2）公众代表。被征收人与征收补偿方案的利益最为密切，因此每个被征收人均有参加听证会并优先发言的权利，也有委托律师或其他代理人参加听证会的权利。公众代表与征收补偿方案具有一定的利益距离，但也是当地旧城区改建计划的受影响方，甚至是"潜在"的被征收人，还是该地的合格公民和公共利益的最终判断人，故也有权利参加听证会并发表意见。关于听证会的程序，政府方面应事先公开程序细则和议程安排，方便听证代表做好准备。

关联参见

《城乡规划法》第 31 条

第十二条　【社会稳定风险评估】市、县级人民政府作出房屋征收决定前，应当按照有关规定进行社会稳定风险评估；房屋征收决定涉及被征收人数量较多的，应当经政府常务会议讨论决定。

作出房屋征收决定前，征收补偿费用应当足额到位、专户存储、专款专用。

条文解读

社会稳定风险评估 ➡ 是指在国家机关系统范围内与人民群众利益密切相关的重大决策、重要政策、重大改革措施、重大工程建设项目、与社会公共秩序相关的重大活动等重大事项在制定出台、组织实施或审批审核前，对可能影响社会稳定的因素开展系统的调查，科学的预测、分析和评估，制定风险应对策略和预案。

把社会稳定风险评估作为房屋征收决定的必经程序，通过风险评估及早发现征收项目中存在影响社会稳定的隐患，并采取有效措施予以化解，是从源头上预防和减少征收矛盾纠纷，把问题解决在基层、解决在萌芽状态的重要举措。征收补偿费用的足额到位，是保障房屋征收实施工作顺利进行的前提条件，也是保护被征收人利益的重要前提。专户存储、专款专用是保证补偿费用不被挤占、挪用的重要措施。足额到位，是指用于征收补偿的货币、实物的数量应当符合征收补偿方案的要求，能够保证全部被征收人得到依法补偿和妥善安置。征收补偿费用的足额到位，包括实物和货币两部分，是两者之和，即已经提供实物补偿的，可在总额中扣减相关费用。专户存储、专款专用是保证补偿费用不被挤占、挪用的重要措施。专户存储要求在银行设立专门账户进行存储管理；专款专用，是指征收补偿费用只能用于发放征收补偿，不挪作他用。

19. 社会稳定风险评估的内容主要有哪些?

社会稳定风险评估应该建立一个有针对性的评价体系,尽可能多地将各种相关影响因素纳入其中,在征收项目实施前全面客观地对未来风险发生的可能性进行预测。从目前实际情况来看,风险评估应该包含以下内容:(1)征收政策的基本情况及征收的必要性、合法性、合理性。(2)征收政策是否符合法律法规的规定。(3)征收政策是否符合当地的经济社会发展的总体水平。(4)征收政策能否为绝大多数群众所接受,是否兼顾了被征收群众的现实利益和长远利益,是否体现了公平、公正、公开原则。(5)征收项目实施的各项准备工作是否充分,如征收补偿方案是否制定,征收补偿标准是否符合当地房地产市场行情,补偿资金、安置房源是否落实,对困难家庭的综合保障条件是否具备,征收法律政策的宣传公示是否到位,拆除房屋的安全防护措施是否完备等。(6)征收项目的实施是否会引起征收片区范围内或周边居民的不满,是否对政策出台前的征收项目产生重大影响,征收补偿是否与区域内同类的项目间存在明显不公平,是否会激化社会矛盾等。(7)征收项目的拆除施工是否有障碍或安全风险隐患,是否会对周边环境产生较大影响,是否会造成周边群众生产、生活较大不方便,拆除工地管理能否符合规定要求。(8)征收项目的社会稳定风险防范对策和预案措施是否齐备。(9)征收的相关配套制度是否齐全,如公示制度、信访接待制度、责任承诺制度、举报制度、监管制度、责任追究制度等。(10)是否存在可能引发社会稳定风险的其他因素。

20. 如何理解本条规定的"应当按照有关规定进行社会稳定风险评估"?

为了应对房屋征收过程中的社会风险,《条例》在征收决定作出前设置了社会稳定风险评估程序,规定市、县级人民政府作出房屋征收决定前，应当按照有关规定进行社会稳定风险评估。

国务院办公厅印发的《关于进一步严格征地拆迁管理工作切实维护群众合法权益的紧急通知》中就有明确规定，拆迁项目立项前要组织专家论证，广泛征求社会各界特别是被拆迁人的意见，并进行社会稳定风险评估。目前，一些地方也已经出台社会稳定风险评估的专门规定。

关联参见

《重大行政决策程序暂行条例》第 22-24 条

第十三条 【征收公告】市、县级人民政府作出房屋征收决定后应当及时公告。公告应当载明征收补偿方案和行政复议、行政诉讼权利等事项。

市、县级人民政府及房屋征收部门应当做好房屋征收与补偿的宣传、解释工作。

房屋被依法征收的，国有土地使用权同时收回。

条文解读

房屋征收决定公告及有关事项 ➡ （1）作出和公告房屋征收决定的主体是市、县级人民政府，公告应当载明征收补偿方案和行政复议、行政诉讼权利等事项。

房屋征收决定公告属于行政公告。行政公告是指行政机关或依法律法规授权行使行政管理权的组织，将其议定或决定的事项，以张贴、公布等公示的方式，告知行政相对人的一种公示文书。房屋征收决定公告是市、县级人民政府对其作出房屋征收决定的一种公示，目的是让公众知道征收与补偿行为的内容，公告的对象既包括征收人、被征收人、有关部门以及其他利害关系人等，也包括社会公众。

市、县级人民政府作出房屋征收决定后对相关事项予以公告，需要注意的是：第一，及时性。市、县级人民政府作出房屋征收决定后应当及时公告。在条件允许的情况下，房屋征收公告的时间应与作出房屋征收决定同时进行。第二，显著性。应将公告张贴于征收范围内及其周围醒目、易于公众阅读的地方，对于规模较大的房屋征收还应在当地报纸、网络或电视上公布。第三，必备性。房屋征收公告除公示市、县级人民政府作出的房屋征收决定外，应当载明征收补偿方案和行政复议、行政诉讼权利等事项。也就是说，房屋征收公告的同时，征收评估补偿数额、补偿标准、由谁进行评估、征收法律程序以及如何进行法律救济的途径依法应同时公告，如果不公告或不全面公告，被征收人就会产生被欺骗的感觉，从而埋下了征收与补偿纠纷隐患。

（2）市、县级人民政府及房屋征收部门有向被征收人做好宣传、解释工作的义务。

房屋征收与补偿工作涉及被征收人的切身利益，政策性强、时间紧，只有得到被征收人的理解和配合才能顺利完成。因此，宣传、解释工作是征收实施前非常重要的工作。宣传、解释的内容，一方面，要让被征收人了解征收是为了公共利益的需要，应当服从大局，及时完成搬迁；另一方面，要让被征收人了解征收补偿的政策、补助奖励、用于产权调换的房屋情况、结算办法等，对被征收人遇到的各种问题给予耐心的解答。宣传、解释的方式可以多种多样，包括召开征收动员会、咨询会，在征收现场设立办公室等。房屋征收部门应当做好征收信访工作，对群众的来信来访要严格按照有关信访法律法规的规定办理，认真解决群众遇到的问题。

实务应用

21. 如何理解房屋征收决定的物权变动效力？

《民法典》第 229 条规定："因人民法院、仲裁机构的法律文书或者人民政府的征收决定等，导致物权设立、变更、转让或者消灭的，自法律文书或者征收决定等生效时发生效力。"按照这一规定，人民政府的征收决定可以导致城市房屋物权变动，人民政府的征收决定生效时即发生物权变动的效果，也就是说，物权变动的时间应以征收决定生效的时间为准。

人民政府的征收决定生效如何理解？人民政府的征收决定生效的时间点应该是"房屋被依法征收"，而所谓的"依法"，不仅包括人民政府依法作出房屋征收决定，而且还应包括当事人依法获得补偿。"当事人依法得到补偿"主要指的是，征收人与被征收人达成的征收补偿协议或市、县人民政府作出的补偿决定发生法律效力，当然，最好是征收补偿费完全付清。这一理解，也是符合《条例》第27条第1款关于"实施房屋征收应当先补偿、后搬迁"规定的立法精神。征收是一种国家所有权的特殊取得方式，国家不必征得被征收人的同意就可取得房屋的所有权，而且可以使该房屋上的负担消灭，因此从这个意义上说，征收可被认为是一种原始取得所有权的方式，即国家作为新的所有权人取得无负担的房屋所有权。

案例指引

05. 房屋拆迁行政赔偿诉讼中举证责任如何承担？[①]

原告廖某耀的房屋位于龙南县龙南镇龙洲村东胜围小组，2011年被告龙南县人民政府批复同意建设县第一人民医院，廖某耀的房屋被纳入该建设项目拆迁范围。就拆迁安置补偿事宜，龙南县人民政府工作人员多次与廖某耀进行协商，但因意见分歧较大未达成协议。2013年2月27日，龙南县国土及规划部门将廖某耀的部分房屋认定为违章建筑，并下达自行拆除违建房屋的通知。同年3月，龙南县人民政府在未按照《行政强制法》的相关规定进行催告、未作出强制执行决定、未告知当事人诉权的情况下，组织相关部门对廖某耀的违建房屋实施强制拆除，同时对拆迁范围内的合法房屋也进行了部分拆除，导致该房屋丧失正常

---

① 参见《最高人民法院2014年8月29日发布征收拆迁十大案例》（2015年2月10日发布），廖某耀诉龙南县人民政府房屋强制拆迁案，载最高人民法院网 https://www.court.gov.cn/zixun/xiangqing/13405.html，最后访问日期：2023年5月8日。

使用功能。廖某耀认为龙南县人民政府强制拆除其房屋和毁坏财产的行为严重侵犯其合法权益，遂于 2013 年 7 月向赣州市中级人民法院提起了行政诉讼，请求法院确认龙南县人民政府拆除其房屋的行政行为违法。赣州市中级人民法院将该案移交安远县人民法院审理。安远县人民法院受理案件后，于法定期限内向龙南县人民政府送达了起诉状副本和举证通知书，但该府在法定期限内只向法院提供了对廖某耀违建房屋进行行政处罚的相关证据，没有提供强制拆除房屋行政行为的相关证据和依据。

安远县人民法院认为，根据《行政诉讼法》第 32 条、第 43 条①及《最高人民法院关于执行〈中华人民共和国行政诉讼法〉若干问题的解释》② 第 26 条之规定，被告对作出的具体行政行为负有举证责任，应当在收到起诉状副本之日起 10 日内提供作出具体行政行为时的证据，未提供的，应当认定该具体行政行为没有证据。本案被告龙南县人民政府在收到起诉状副本和举证通知书后，始终没有提交强制拆除房屋行为的证据，应认定被告强制拆除原告房屋的行政行为没有证据，不具有合法性。据此，依照《最高人民法院关于执行〈中华人民共和国行政诉讼法〉若干问题的解释》第 57 条第 2 款第（2）项之规定，确认龙南县人民政府拆除廖某耀房屋的行政行为违法。

该判决生效后，廖某耀于 2014 年 5 月向法院提起了行政赔偿诉讼。经安远县人民法院多次协调，最终促使廖某耀与龙南县人民政府就违法行政行为造成的损失及拆除其全部房屋达成和解协议。廖某耀撤回起诉，行政纠纷得以实质性解决。

本案的典型意义在于：凸显了行政诉讼中行政机关的举证责任和司法权威，对促进行政机关及其工作人员积极应诉，不断强化诉讼意识、证据意识和责任意识具有警示作用。法律和司法解释明确规定了行政

---

① 现《行政诉讼法》第 33 条、第 67 条。

② 本解释已被《最高人民法院关于适用〈中华人民共和国行政诉讼法〉的解释》所替代，下同。

机关在诉讼中的举证责任，不在法定期限提供证据，视为被诉行政行为没有证据，这是法院处理此类案件的法律底线。本案中，被告将原告的合法房屋在拆除违法建筑过程中一并拆除，在其后诉讼过程中又未能在法定期限内向法院提供据以证明其行为合法的证据，因此只能承担败诉后果。

关联参见

《城镇国有土地使用权出让和转让暂行条例》第 24 条

第十四条　【征收复议与诉讼】被征收人对市、县级人民政府作出的房屋征收决定不服的，可以依法申请行政复议，也可以依法提起行政诉讼。

条文解读

被征收人的救济渠道 ➡ 对市、县级人民政府作出的房屋征收决定不服的，可以依法申请行政复议，也可以依法提起行政诉讼。本条关于行政复议、行政诉讼权利的规定和本《条例》第 13 条相比侧重点不同。第 13 条规定房屋征收决定公告应当载明行政复议、行政诉讼权利的事项，是对房屋征收决定内容予以规范，保证被征收人能够清楚了解自己可以通过哪些权利救济方式来维护自己的合法权益。而本条则是明确了被征收人对房屋征收决定进行复议或诉讼的权利，即使未依法将行政复议、行政诉讼权利在房屋征收决定公告中明示，也不影响被征收人通过行政复议、行政诉讼权利等方式对权利进行救济。

本条规定申请行政复议、提起行政诉讼必须"依法"。这里的"法"包括《行政复议法》《行政诉讼法》，也包括其他有关法律、法规。《行政复议法》第 6 条规定："有下列情形之一的，公民、法人或者其他组织可以依照本法申请行政复议：……（七）认为行政机关违法集资、征收财物、摊派费用或者违法要求履行其他义务的；……"第 9

条规定："公民、法人或者其他组织认为具体行政行为侵犯其合法权益的，可以自知道该具体行政行为之日起六十日内提出行政复议申请；但是法律规定的申请期限超过六十日的除外。因不可抗力或者其他正当理由耽误法定申请期限的，申请期限自障碍消除之日起继续计算。"第13条规定："对地方各级人民政府的具体行政行为不服的，向上一级地方人民政府申请行政复议。对省、自治区人民政府依法设立的派出机关所属的县级地方人民政府的具体行政行为不服的，向该派出机关申请行政复议。"第16条规定："公民、法人或者其他组织申请行政复议，行政复议机关已经依法受理的，或者法律、法规规定应当先向行政复议机关申请行政复议、对行政复议决定不服再向人民法院提起行政诉讼的，在法定行政复议期限内不得向人民法院提起行政诉讼。公民、法人或者其他组织向人民法院提起行政诉讼，人民法院已经依法受理的，不得申请行政复议。"

《行政诉讼法》主要条文包括以下。第12条的规定："人民法院受理公民、法人和其他组织提起的下列诉讼：……（十二）认为行政机关侵犯其他人身权、财产权等合法权益的……"第20条的规定："因不动产提起的行政诉讼，由不动产所在地人民法院管辖。"第26条的规定："公民、法人或者其他组织直接向人民法院提起诉讼的，作出行政行为的行政机关是被告。经复议的案件，复议机关决定维持原行政行为的，作出原行政行为的行政机关和复议机关是共同被告；复议机关改变原行政行为的，复议机关是被告。复议机关在法定期限内未作出复议决定，公民、法人或者其他组织起诉原行政行为的，作出原行政行为的行政机关是被告；起诉复议机关不作为的，复议机关是被告。两个以上行政机关作出同一行政行为的，共同作出行政行为的行政机关是共同被告。行政机关委托的组织所作的行政行为，委托的行政机关是被告。行政机关被撤销或者职权变更的，继续行使其职权的行政机关是被告。"第44条的规定："对属于人民法院受案范围的行政案件，公民、法人或者其他组织可以先向行政机关申请复议，对复议决定不服的，再向人民法院提起诉讼；也可以直接向人民法院提起诉讼。法律、法规规定应当先向行政机关申请复议，对复议决定不服再向人民法院提起诉讼的，依照法律、法规的规定。"第46条的规定："公民、法人或者其他组织直接向人民法院提起诉讼的，应当自知道或者应当知道作出行政行为之日起六个月内提出。法律另有规定的除外。因不动产提起诉讼的案件自行政行为作出之日起超过二十年，其他案件自行政行为作出之日起超过五年提起诉讼的，人民法院不予受理。"第61条的规定："在涉及行政许可、登记、征收、征用和行政机关对民事争议所作的裁决的行政诉讼中，当事人申请一并解决相关民事争议的，人民法院可以一并审理。在行政诉讼中，人民法院认为行政案件的审理需以民事诉讼的裁判为依据的，可以裁定中止行政诉讼。"

案例指引

06. 对于违法建筑的强制拆除是否需要遵循《行政强制法》的程序性规定？[①]

2009年间，仁化县人民政府（下称仁化县政府）规划建设仁化县有色金属循环经济产业基地，需要征收广东省仁化县周田镇新庄村民委员会新围村民小组的部分土地。叶某胜、叶某长、叶某发（下称叶某胜等三人）的房屋所占土地在被征收土地范围之内，属于未经乡镇规划批准和领取土地使用证的"两违"建筑物。2009年8月至2013年7月间，仁化县政府先后在被征收土地的村民委员会、村民小组张贴《关于禁止抢种抢建的通告》《征地通告》《征地预公告》《致广大村民的一封信》《关于责令停止一切违建行为的告知书》等文书，以调查笔录等形式告知叶某胜等三人房屋所占土地是违法用地。2009年10月、2013年6月，仁化县国土资源局分别发出两份《通知》，要求叶某胜等三人停止

---

① 参见《最高人民法院2014年8月29日发布征收拆迁十大案例》（2015年2月10日发布），叶某胜、叶某长、叶某发诉仁化县人民政府房屋行政强制案，载最高人民法院网 https：//www. court. gov.cn/zixun/xiangqing/13405. html，最后访问日期：2023年5月8日。

土地违法行为。2013 年 7 月 12 日凌晨 5 时许，在未发强行拆除通知、未予公告的情况下，仁化县政府组织人员对叶某胜等三人的房屋实施强制拆除。叶某胜等三人遂向广东省韶关市中级人民法院提起行政诉讼，请求确认仁化县政府强制拆除行为违法。

广东省韶关市中级人民法院认为，虽然叶某胜等三人使用农村集体土地建房未经政府批准属于违法建筑，但仁化县政府在 2013 年 7 月 12 日凌晨对叶某胜等三人所建的房屋进行强制拆除，程序上存在严重瑕疵，即采取强制拆除前未向叶某胜等三人发出强制拆除通知，未向强拆房屋所在地的村民委员会、村民小组张贴公告限期自行拆除，违反了《行政强制法》第 34 条、第 44 的规定。而且，仁化县政府在夜间实施行政强制执行，不符合《行政强制法》第 43 条第 1 款有关"行政机关不得在夜间或者法定节假日实行强制执行"的规定。据此，依照《最高人民法院关于执行〈中华人民共和国行政诉讼法〉若干问题的解释》第 57 条的规定，判决：确认仁化县政府于 2013 年 7 月 12 日对叶某胜等三人房屋实施行政强制拆除的具体行政行为违法。宣判后，各方当事人均未提出上诉。

本案的典型意义在于：充分体现了行政审判监督政府依法行政、保障公民基本权益的重要职能。即使对于违法建筑的强制拆除，也要严格遵循《行政强制法》的程序性规定，拆除之前应当先通知相对人自行拆除，在当地张贴公告且不得在夜间拆除。本案被告未遵循这些程序要求，被人民法院判决确认违法。

07. 违法建设相邻权人能否向法院提起行政不作为诉讼？①

2010 年 7 月，株洲市石峰区田心街道东门社区民主村小东门散户 111 号户主沈某湘，在未经被告株洲市规划局等有关单位批准的情况

---

① 参见《最高人民法院 2014 年 8 月 29 日发布征收拆迁十大案例》（2015 年 2 月 10 日发布），叶某祥诉湖南省株洲市规划局、株洲市石峰区人民政府不履行拆除违法建筑法定职责案，载最高人民法院网 https：//www.court.gov.cn/zixun/xiangqing/13405.html，最后访问日期：2023 年 5 月 8 日。

下，将其父沈某如遗留旧房拆除，新建和扩建新房，严重影响了原告叶某祥的通行和采光。原告于 2010 年 7 月 9 日向被告株洲市规划局举报。该局于 2010 年 10 月对沈某湘新建扩建房屋进行调查、勘验，于 2010 年 10 月 23 日，对沈某湘作出了株规罚告（石峰）字（2010）第（462）行政处罚告知书，告知其建房行为违反《城乡规划法》第 40 条，属违法建设。依据《城乡规划法》第 68 条之规定，限接到告知书之日起，5 天内自行无偿拆除，限期不拆除的，将由株洲市石峰区人民政府组织拆除。该告知书送达沈某湘本人，其未能拆除。原告叶某祥于 2010 年至 2013 年通过向株洲市石峰区田心街道东门社区委员会、株洲市规划局、株洲市石峰区人民政府举报和请求依法履行强制拆除沈某湘违法建筑行政义务，采取申请书等请求形式未能及时解决。2013 年 3 月 8 日，被告株洲市规划局以株规罚字（石 2013）字第 6021 号对沈某湘作出行政处罚决定书。认定沈某湘的建房行为违反《城乡规划法》第 40 条和《湖南省实施〈中华人民共和国城乡规划法〉办法》第 25 条①之规定，属违法建设。依据《城乡规划法》第 64 条和《湖南省实施〈中华人民共和国城乡规划法〉办法》第 47 条之规定，限沈某湘接到决定书之日起，3 日内自行无偿拆除。如限期不自行履行本决定，依据《城乡规划法》第 68 条和《湖南省实施〈中华人民共和国城乡规划法〉办法》第 54 条②及株政发（2008）36 号文件规定，将由石峰区人民政府组织实施强制拆除。由于被告株洲市规划局、株洲市石峰区人民政府未能完全履行拆除违法建筑法定职责，原告于 2013 年 6 月 5 日向法院提起行政诉讼。

株洲市荷塘区人民法院认为，被告株洲市石峰区人民政府于 2010 年 12 月接到株洲市规划局对沈某湘株规罚告字（2010）第 004 号行政处罚告知书和株规罚字（石 2013）第 0021 号行政处罚决定书后，应按照株洲市规划局的授权积极履行法定职责，组织实施强制拆除违法建

① 现为第 26 条。
② 现为第 50 条。

设。虽然被告株洲市石峰区人民政府在履行职责中对沈某湘违法建设进行协调等工作，但未积极采取措施，其拆除违法建设工作未到位，属于不完全履行拆除违法建筑的法定职责。根据《城乡规划法》第68条、《行政诉讼法》第54条第3款①的规定，判决被告株洲市石峰区人民政府在3个月内履行拆除沈某湘违法建设法定职责的行政行为。宣判后，各方当事人均未提出上诉。

本案的典型意义在于：以违法建设相邻权人提起的行政不作为诉讼为载体，有效发挥司法能动性，督促行政机关切实充分地履行拆除违建、保障民生的法定职责。针对各地违法建设数量庞大，局部地区有所蔓延的态势，虽然《城乡规划法》规定了县级以上人民政府对违反城市规划、乡镇人民政府对违反乡村规划的违法建设有权强制拆除，但实际情况不甚理想。违法建设侵犯相邻权人合法权益难以救济成为一种普遍现象和薄弱环节，本案判决在这一问题上表明法院应有态度：即使行政机关对违建采取过一定查处措施，但如果不到位仍构成不完全履行法定职责，法院有权要求行政机关进一步履行到位。这方面审判力度需要不断加强。

关联参见

《行政复议法》第6条、第9条、第12条、第13条、第16条；《行政诉讼法》第12条、第20条、第26条、第44条、第46条、第61条；《最高人民法院关于适用〈中华人民共和国行政诉讼法〉的解释》第25条

第十五条 【征收调查登记】房屋征收部门应当对房屋征收范围内房屋的权属、区位、用途、建筑面积等情况组织调查登记，被征收人应当予以配合。调查结果应当在房屋征收范围内向被征收人公布。

---

① 现为第72条。

调查登记 ➡ 本条是关于房屋征收部门对房屋征收范围内房屋情况组织调查登记，并将调查结果予以公布的规定。对征收房屋情况进行调查登记是对征收房屋进行评估，是确定补偿金额的前提和基础。调查登记事项，一般包括被征收房屋的权属、区位、用途、建筑面积等。上述因素是评估确定被征收房屋价值的最主要依据，对其他可能影响房屋价值评估的因素，在调查过程中也应予以查明。调查结果的公布对象以被征收人为限。

对被征收房屋进行调查登记，房屋征收部门既可以独立完成，也可以委托房屋征收实施单位开展，一般情况下还应当有房地产价格评估机构参加。为提高调查登记的效率，减少阻力，房屋征收部门应当争取人民政府协调房屋征收范围内街道办事处、居委会配合进行相关调查工作。

为确认房屋登记簿上记载的权属、用途、建筑面积等事项情况，房屋征收部门应当从被征收房屋所在行政区域的房屋登记机构调取该房屋的资料，作为之后补偿的依据。调查人员还应当采取入户调查的方式，对房屋的区位、家庭成员状况、房屋结构、附属物面积等进行调查登记，被征收人及其同住人有责任予以配合。

22. 被征收房屋的调查登记如何进行？

调查登记，一般应当在房屋征收决定前进行。现场房屋调查登记时，房屋调查登记的工作人员，包括房屋征收部门工作人员、受委托的房屋征收实施单位工作人员一般应当对现场房屋及附属物分单元和类别进行拍照、录像、编号，建立档案，做到一户一档。房屋征收部门、被征收人及其他参与调查登记的单位应当对调查结果签字认可。

第十六条　【房屋征收范围确定】 房屋征收范围确定后，不得在房屋征收范围内实施新建、扩建、改建房屋和改变房屋用途等不当增加补偿费用的行为；违反规定实施的，不予补偿。

房屋征收部门应当将前款所列事项书面通知有关部门暂停办理相关手续。暂停办理相关手续的书面通知应当载明暂停期限。暂停期限最长不得超过 1 年。

条文解读

本条规定房屋征收范围确定后，被征收人不得实施不当增加补偿费用的行为。对于"房屋征收范围确定后"的理解，《条例》第 13 条第 1 款规定："市、县级人民政府作出房屋征收决定后应当及时公告。公告应当载明征收补偿方案和行政复议、行政诉讼权利等事项。"根据这一规定，房屋征收范围可能不一定属于市、县级人民政府房屋征收决定的公告内容。如房屋征收范围公告独立于房屋征收决定的公告，则"房屋征收范围确定后"并不等同于"房屋征收决定的公告后"。但是也存在"房屋征收决定的公告"内容包括"房屋征收范围"的情形，这种情形的"房屋征收决定的公告后"就等同于"房屋征收范围确定后"，在以后的实践中要特别予以识别。

实务应用

23. 征收范围确定后，哪些改建房屋和改变房屋用途的行为不能获得补偿？

针对可能存在的房屋征收前"突击"改扩建，以获取不当补偿的现象，《条例》第 16 条明确规定了限制新建、扩建、改建房屋和改变房屋用途的行为，以杜绝此类投机取巧、侵占公共利益的非法行为，公平对待各个被征收人。征收范围确定后，征收范围内的单位和个人（被征收人）不得进行以下活动：

一是新建、扩建、改建房屋。《条例》第 17 条和 19 条规定，对被征收人给予的补偿包括被征收房屋价值的补偿，而且被征收房屋补偿是征收补偿的主要方面。征收补偿主要根据被征收房屋的建筑结构、新旧程度、建筑面积等因素以及装修和原有设备的拆装损失等确定，新建、扩建、改建房屋会直接影响征收房屋的评估结果，从而增加征收人即作出房屋征收决定的市、县级人民政府的补偿费用，提高实现公共利益需要的成本。提高了补偿成本，损害公共利益，对其他被征收人也不公平。

二是改变房屋用途。被征收房屋价值的评估，除考虑被征收房屋的区位、建筑面积外，还考虑房屋的用途，房屋的用途对补偿额的确定也有重要影响。房屋的用途和补偿费用的高低有密切关系，为了防止被征收人临时改变房屋用途，增加征收补偿费，牟取不合法的利益，本款明确规定，征收范围确定后，不得改变房屋用途。

三是其他不当增加补偿费用的行为。考虑到新建、扩建、改建房屋和改变房屋用途是不当增加补偿费用的主要形式，除此之外还有其他一些情形，如违反规定迁入户口或分户等也会造成征收成本的增加，影响公共利益的实现，为了避免列举式规定的疏漏，本款概括规定了其他"不当增加补偿费用的行为"，将可能出现的情况涵盖在内，以确保征收工作公平公正开展。

案例指引

08. 征收部门调整房屋征收范围后不再征收当事人所有的房屋，当事人对此是否可以提起诉讼？[①]

2014年6月27日，河南省新乡市卫滨区人民政府（以下简称卫滨区政府）作出卫政（2014）41号《关于调整京广铁路与中同街交汇处西北区域征收范围的决定》（以下简称《调整征收范围决定》），将房屋征收范围调整为京广铁路以西、卫河以南、中同大街以北（不包含中

---

① 参见《人民法院征收拆迁典型案例（第二批）》（2018年5月15日发布），焦某顺诉河南省新乡市卫滨区人民政府行政征收管理案，载最高人民法院网 https://www.court.gov.cn/zixun-xiangqing-95912.html，最后访问日期：2023年5月8日。

同大街 166 号住宅房）、立新巷以东。焦某顺系中同大街 166 号住宅房的所有权人。焦某顺认为卫滨区政府作出《调整征收范围决定》不应将其所有的房屋排除在外，且《调整征收范围决定》作出后未及时公告，对原房屋征收范围不产生调整的效力，请求人民法院判决撤销《调整征收范围决定》。

新乡市中级人民法院一审认为，卫滨区政府作出的《调整征收范围决定》不涉及焦某顺所有的房屋，对其财产权益不产生实际影响，焦某顺与被诉行政行为之间没有利害关系，遂裁定驳回了焦某顺的起诉。焦某顺提起上诉，河南省高级人民法院二审驳回上诉、维持原裁定。

在行政诉讼中，公民权利意识特别是诉讼意识持续高涨是社会和法治进步的体现。但是公民、法人或者其他组织提起行政诉讼应当具有诉的利益及诉的必要性，即与被诉行政行为之间存在"利害关系"。人民法院要依法审查被诉行政行为是否对当事人权利义务造成影响；是否会导致当事人权利义务发生增减得失。既不能对于当事人合法权利的影响视而不见，损害当事人的合法诉权；也不得虚化、弱化利害关系的起诉条件，受理不符合行政诉讼法规定的受案范围条件的案件，造成当事人不必要的诉累。本案中，被告卫滨区政府决定不再征收焦某顺所有的房屋，作出了《调整征收范围决定》。由于《调整征收范围决定》对焦某顺的财产权益不产生实际影响，其提起本案之诉不具有值得保护的实际权益。人民法院依法审查后，裁定驳回起诉，有利于引导当事人合理表达诉求，保护和规范当事人依法行使诉权。

第三章 补　　偿

第十七条　【征收补偿范围】作出房屋征收决定的市、县级人民政府对被征收人给予的补偿包括：

（一）被征收房屋价值的补偿；

（二）因征收房屋造成的搬迁、临时安置的补偿；

（三）因征收房屋造成的停产停业损失的补偿。

市、县级人民政府应当制定补助和奖励办法，对被征收人给予补助和奖励。

条文解读

房屋征收补偿的内容 ➡ 为了更好地保护被征收人的合法权益，保证征收补偿公平、合理，本条例对被征收人的补偿内容进行了规定。本条第1款规定了补偿的3项内容；第2款对市、县级人民政府制定办法，对被征收人给予补助和奖励进行了规定。

一是被征收房屋价值的补偿，包括被征收房屋及其占用范围内的土地使用权的补偿以及房屋室内装饰装修价值的补偿。被征收人房屋又包括被征收的房屋以及与房屋主体建筑有关的附属建筑或构筑物。对被征收房屋价值的补偿，不得低于房屋征收决定公告之日被征收房屋类似房地产的市场价格，市场价格包含了土地使用权的价值，不低于市场价格就可以保证被征收人所得补偿在市场上能买到区位、面积、用途、结构相当的房屋。

二是搬迁及临时安置费用。搬迁补偿，是指因征收房屋而造成的搬迁，征收人对被征收人由此可能产生的搬迁费用所给予的补偿。对于搬迁补偿的计算标准，由省、自治区、直辖市人民政府规定。通常的做法是按照被征收房屋面积每平方米多少元计算。临时安置补偿，也称作过渡费，是指因征收导致被征收人无房居住、使用，在搬迁至征收人安置的新房前，被征收人自己找房过渡的，征收人补偿过渡费用。因征收人延长过渡期的，应当自逾期之月起增加临时安置补助费。对于临时安置补偿的计算方法，通常做法是按照被征收房屋面积每平方米每月多少元计算；个别地方按人口计算。

三是停产停业损失。停产停业损失属于收益权。根据《条例》第23条的规定："对因征收房屋造成停产停业损失的补偿，根据房屋被征收前的效益、停产停业期限等因素确定。具体办法由省、自治区、直辖市制定。"在确定停产停业损失时，必须把握以下几点：一是停产停业损失是客观存在的，只要是因为征收引起的经济损失，被征收人就应得到合理的足额补偿；二是只对直接损失进行补偿，对间接损失或费用则不予确认。如某制药厂迁址后由于环保要求的提高而必须投入一笔环保设施费用，虽然迁址是由征收引起的，但新投入的环保设施费不应由征收人来支付；三是房屋价值补偿与停产停业损失补偿应分开，停产停业损失的项目、数量应当明确、具体。

实务应用

24. **为了保障房屋被征收群众的利益，条例对补偿作了哪些规定？**

按照保证房屋被征收群众居住条件有改善、生活水平不降低的原则，《条例》规定，对被征收人的补偿包括：被征收房屋价值的补偿，因征收房屋造成的搬迁与临时安置的补偿，停产停业损失的补偿。市、县级人民政府应当制定补助和奖励办法，对被征收人给予补助和奖励。对被征收房屋价值的补偿，不得低于房屋征收决定公告之日被征收房屋类似房地产的市场价格，市场价格包含了土地使用权的价值，不低于市场价格就可以保证被征收人所得补偿在市场上能买到区位、面积、用途、结构相当的房屋。

25. **在什么情况下，市、县级人民政府可以不支付临时安置补偿？**

对于选择房屋产权调换方式进行补偿的，房屋征收部门应当于产权调换房屋交付前向被征收人支付临时安置费或者提供周转用房。若房屋征收部门向被征收人提供了周转用房，则不必支付临时安置补偿。

26. **当征收房屋为公房时补偿问题该如何处理？**

按照我国目前的实际情况，公房从权利主体角度可以分为，直管公房和自管公房。直管公房，是指由政府公房管理部门或政府授权经营管理单位依法直接进行经营和管理的国家所有房屋，其产权直接归国家所有。自管公房，是指由机关、企业或者事业单位享有产权并由其自身进行管理的房屋。直管公房和自管公房二者之间只是所有权主体存在不同，在法律性质上都属于非私人享有所有权的房屋。在公房的使用过程中，房屋所有权人和房屋的实际使用人之间存在一个房屋租赁关系，使用权人实质上就是公房的承租人。

虽然《条例》未对公房承租人能否获得补偿以及如何补偿作出规定，但并不意味着在涉及公房征收中不存在公房承租人的问题：

（1）公房征收关系的主体与公房征收补偿关系的主体：依据《条例》的有关规定，征收人为市、县级人民政府，被征收人为被征收房屋的所有权人。公房承租人不属于公房征收关系的主体，但并不影响其可以成为公房征收补偿关系的主体并享有相应的诉权。

（2）征收时已购公房的征收补偿：征收已购公有住房，征收人应当按照被征收公房的房地产市场评估价对被征收人给予补偿。被征收人住房超过房改政策规定的标准的，征收人应当扣除超标部分的补偿款中属于应当上缴财政或者返还原售房单位的部分，并分别上缴或者返还。由于已购公房的产权性质已经发生变化，已经从国家或者单位所有权转化为私人所有权，所以，其在征收中补偿直接按照个人房产进行即可。

（3）征收时未购买公房的征收补偿：按照现行通常做法，征收地方人民政府所有并指定有关单位管理的公有住房（直管公有住房）的，直管公有住房应当按照房改政策出售给房屋承租人。房屋承租人购买现住公房后作为被征收人，由征收人按照有关规定给予补偿。征收机关、企业、事业单位自管的公有住房，可以按照上述规定处理。一般来讲，在房屋征收过程中，直管公房和自管公房之间应当存在一定差异。直管公房由于是国家所有，所以在征收过程中一般要求"应当"按照房改政策进行出售，出售后再按照个人房产补偿。而自管公房，则一般是"可以"按照房改政策进行出售，再进行补偿，但是不论如何，在公房出售以后，承租人就成为被征收人，可以按照个人房产获得相应补偿。

征收时未出售公房的补偿：按照《条例》第21条的规定，被征收人可以选择货币补偿，也可以选择房屋产权调换。依据上述规定，对于征收时未出售的公房，被征收人与公房承租人解除租赁关系的，或者被征收人对公房承租人予以安置的，征收人应对被征收人给予补偿；被征收人与公房承租人对解除租赁关系达不成协议的，征收人一般应当对被征收人实行房屋产权调换，产权调换的房屋由原公房承租人继续承租，被征收人应当与原公房承租人重新订立房屋租赁合同。

案例指引

09. 如何认定被征收房屋属于居住房屋还是非居住房屋？[①]

上海市顺某路 281-283 号 283# 二层统间系原告霍某英租赁的公有房屋，房屋类型旧里，房屋用途为居住，居住面积 11.9 平方米，折合建筑面积 18.33 平方米。该户在册户口 4 人，即霍某英、孙某萱、陈某理、孙某强。因旧城区改建需要，2012 年 6 月 2 日，被告上海市黄浦区人民政府作出黄府征〔2012〕2 号房屋征收决定，原告户居住房屋位于征收范围内。因原告户认为其户经营公司，被告应当对其给予非居住房屋补偿，致征收双方未能在签约期限内达成征收补偿协议。2013 年 4 月 11 日，房屋征收部门即第三人上海市黄浦区住房保障和房屋管理局向被告报请作出征收补偿决定。被告受理后于 2013 年 4 月 16 日召开审理协调会，因原告户自行离开会场致协调不成。被告经审查核实相关证据材料，于 2013 年 4 月 23 日作出沪黄府房征补〔2013〕010 号房屋征收补偿决定，认定原告户被征收房屋为居住房屋，决定：一、房屋征收部门以房屋产权调换的方式补偿公有房屋承租人霍某英户，用于产权调换房屋地址为上海市徐汇区东某路 121 弄 3 号 204 室，霍某英户支付房屋征收部门差价款 476706.84 元；二、房屋征收部门给予霍某英户各项补贴、奖励费等共计 492150 元，家用设施移装费按实结算，签约搬迁奖励费按搬迁日期结算；三、霍某英户应在收到房屋征收补偿决定书之日起 15 日内搬迁至上述产权调换房屋地址，将被征收房屋腾空。

---

① 参见《最高人民法院 2014 年 8 月 29 日发布征收拆迁十大案例》（2015 年 2 月 10 日发布），霍某英诉上海市黄浦区人民政府房屋征收补偿决定案，载最高人民法院网 https://www.court.gov.cn/zixun/xiangqing/13405.html，最后访问日期：2023 年 5 月 8 日。

原告不服该征收补偿决定，向上海市人民政府申请行政复议，上海市人民政府经复议维持该房屋征收补偿决定。原告仍不服，遂向上海市黄浦区人民法院提起行政诉讼，要求撤销被诉征收补偿决定。

上海市黄浦区人民法院认为，被告具有作出被诉房屋征收补偿决定的行政职权，被诉房屋征收补偿决定行政程序合法，适用法律规范正确，未损害原告户的合法权益。本案的主要争议在于原告户的被征收房屋性质应认定为居住房屋还是非居住房屋。经查，孙某萱为法定代表人的上海杨林某隆投资有限公司、上海某隆生态环保科技有限公司的住所地均为本市金山区，虽经营地址登记为本市顺某路281号，但两公司的营业期限自2003年12月至2008年12月止，且原告承租公房的性质为居住。原告要求被告就孙某萱经营公司给予补偿缺乏法律依据，征收补偿方案亦无此规定，被诉征收补偿决定对其以居住房屋进行补偿于法有据。据此，一审法院判决驳回原告的诉讼请求。宣判后，各方当事人均未提出上诉。

本案典型意义在于：对如何界定被征收房屋是否属于居住房屋，进而适用不同补偿标准具有积极的借鉴意义。实践中，老百姓最关注的"按什么标准补"的前提往往是"房屋属于什么性质和用途"，这方面争议很多。法院在实践中通常依据房产登记证件所载明的用途认定房屋性质，但如果载明用途与被征收人的主张不一致，需要其提供营业执照和其他相关证据佐证，才有可能酌定不同补偿标准。本案中原告未能提供充分证据证明涉案房屋系非居住房屋，故法院不支持其诉讼请求。

10. 在集体土地征收拆迁中安置人口数量如何认定？①

2010年，北京市房山区因轨道交通房山线东羊庄站项目建设需要对部分集体土地实施征收拆迁，王某俊所居住的房屋被列入拆迁范围。该户院宅在册人口共7人，包括王某俊的儿媳和孙女。因第三人房山区

---

① 参见《人民法院征收拆迁典型案例（第二批）》（2018年5月15日发布），王某俊诉北京市房山区住房和城乡建设委员会拆迁补偿安置行政裁决案，载最高人民法院网 https：// www. court. gov. cn/zixun-xiangqing-95912. html，最后访问日期：2023年5月8日。

土储分中心与王某俊未能达成拆迁补偿安置协议，第三人遂向北京市房山区住房和城乡建设委员会（以下简称房山区住建委）申请裁决。2014年3月6日，房山区住建委作出被诉行政裁决，以王某俊儿媳、孙女的户籍迁入时间均在拆迁户口冻结统计之后，不符合此次拆迁补偿和回迁安置方案中确认安置人口的规定为由，将王某俊户的在册人口认定为5人。王某俊不服诉至法院，请求撤销相应的行政裁决。

北京市房山区人民法院一审认为，王某俊儿媳与孙女的户籍迁入时间均在拆迁户口冻结统计之后，被诉的行政裁决对在册人口为5人的认定并无不当，故判决驳回王某俊的诉讼请求。王某俊不服，提起上诉。北京市第二中级人民法院二审认为，依据《北京市集体土地房屋拆迁管理办法》第8条第1款第3项有关用地单位取得征地或者占地批准文件后，可以向区、县国土房管局申请在用地范围内暂停办理"入户、分户，但因婚姻、出生、回国、军人退伍转业、经批准由外省市投靠直系亲属、刑满释放等原因必须入户、分户的除外"的规定，王某俊儿媳因婚姻原因入户，其孙女因出生原因入户，不属于上述条款中规定的暂停办理入户和分户的范围，不属于因擅自办理入户而在拆迁时不予认定的范围。据此，被诉的行政裁决将王某俊户的在册人口认定为5人，属于认定事实不清、证据不足，二审法院判决撤销一审判决及被诉的行政裁决，并责令房山区住建委重新作出处理。

在集体土地征收拆迁当中，安置人口数量之认定关乎被拆迁农户财产权利的充分保护，准确认定乃是依法行政应有之义。实践中，有些地方出于行政效率等方面的考虑，简单以拆迁户口冻结统计的时间节点来确定安置人口数量，排除因婚姻、出生、回国、军人退伍转业等原因必须入户、分户的特殊情形，使得某些特殊人群尤其是弱势群体的合理需求得不到应有的尊重，合法权益得不到应有的保护。本案中，二审法院通过纠正错误的一审判决和被诉行政行为，正确贯彻征收补偿的法律规则，充分保护农民合法权益的同时，也体现了国家对婚嫁女、新生儿童等特殊群体的特别关爱。

第十八条　【涉及住房保障情形的征收】 征收个人住宅，被征收人符合住房保障条件的，作出房屋征收决定的市、县级人民政府应当优先给予住房保障。具体办法由省、自治区、直辖市制定。

条文解读

住房保障 ➡ 本条是关于涉及征收个人住宅的情形，保障被征收人居住条件的规定。要获得优先住房保障，需要同时满足两个条件：（1）个人住宅被征收。优先住房保障是为了满足被征收人基本的居住需求，因为被征收人基于公共利益的需要而遭受了特别牺牲，特别是其居住权被剥夺，如此，需要为其提供住房保障。相反，如果被征收人的居住权未受侵害，如征收的是非住宅项目，那么就不应为被征收人优先提供住房保障。（2）被征收人符合住房保障条件。保障性住房是政府为中低收入住房困难家庭所提供的限定标准、限定价格或租金的住房，主要包括廉租住房、经济适用住房和政策性租赁住房。

由于房屋征收决定是以市、县级人民政府的名义作出，基于权责统一的要求，补偿的主体和住房保障的主体也应当是市、县级人民政府。根据我国《宪法》第 13 条之规定，国家为了公共利益的需要，可以对公民的私有财产进行征收并给予补偿。由于住宅对于个人生活所具有的特殊意义，对个人住宅的征收除了应当满足征收相关法的一般原理和要求（如为了公共利益的需要，依照法律进行，给予公平补偿）之外，还应满足当事人的居住条件。也正是基于此，我国《民法典》第 243 条第 3 款明确规定，征收组织、个人的房屋以及其他不动产，应当依法给予征收补偿，维护被征收人的合法权益；征收个人住宅的，还应当保障被征收人的居住条件。因此，对被征收人优先给予住房保障，是维护被征收人合法权益的现实需要。

我国目前尚无全国统一的住房保障立法，但在地方层面有各种类型的保障性法规和规章，其对保障性住房的申请条件和程序都作了详尽规定。以北京为例，《北京市经济适用住房管理办法（试行）》第 5 条规定："申请购买经济适用住房的家庭应符合以下条件：（一）申请人须取得本市城镇户籍时间满 3 年，且年满 18 周岁，申请家庭应当推举具有完全民事行为能力的家庭成员作为申请人。单身家庭提出申请的，申请人须年满 30 周岁。（二）申请家庭人均住房面积、家庭收入、家庭资产符合规定的标准。城八区的上述标准由市建委会同相关部门根据本市居民收入、居住水平、住房价格等因素确定，报市政府批准后，每年向社会公布一次；远郊区县的上述标准由区县政府结合实际确定，报市政府批准后，每年向社会公布一次。"

第十九条　【被征收房屋价值的补偿】 对被征收房屋价值的补偿，不得低于房屋征收决定公告之日被征收房屋类似房地产的市场价格。被征收房屋的价值，由具有相应资质的房地产价格评估机构按照房屋征收评估办法评估确定。

对评估确定的被征收房屋价值有异议的，可以向房地产价格评估机构申请复核评估。对复核结果有异议的，可以向房地产价格评估专家委员会申请鉴定。

房屋征收评估办法由国务院住房城乡建设主管部门制定，制定过程中，应当向社会公开征求意见。

条文解读

补偿原则 ⟳ 本条是关于被征收房屋价值补偿原则、评估办法和评估争议解决机制的规定。

本条明确了对被征收房屋价值的补偿，"不得低于房屋征收决定公告之日被征收房屋类似房地产的市场价格"。此处规定的市场价格是"房屋征收决定公告之日"的市场价格。之所以如此规定，主要是考虑房屋征收决定的生效时间即是公告之日，而一经公告，必然对被征收区域的房地产市场产生重大影响。征收活动的重要工作就是要确定时间节点，固定相应的证据，以做到补偿活动的公平、合理、统一，防止出现突击建房、炒作房价等现象。如《条例》第 15 条规定了房屋征收部门应当对征收范围内的房屋情况进行调查登记，第 16 条规定了征收范围确定后，不得在征收范围内实施新建、扩建、改建和改变房屋用途等不当增加补偿费用的行为，这些都需要确定科学的时间节点。《国有土地上房屋征收评估办法》第 10 条规定："被征收房屋价值评估时点为房屋征收决定公告之日。用于产权调换房屋价值评估时点应当与被征收房屋价值评估时点一致。"《条例》对本条规定进一步确认。

另外，"不得低于房屋征收决定公告之日被征收房屋类似房地产的市场价格"只是设定了房屋价值补偿的最低标准或最基本的限度，它不能等同于在实际征收活动中对被征收人给付的房屋价值补偿额。在实际征收活动中，按照《条例》第 25 条的规定，房屋征收部门与被征收人可以就一系列事项达成补偿协议，其中包含了对房屋价值补偿方面双方的合意，由于多种因素的影响以及协议要以双方自愿为前提，这方面的补偿金额当然可以高于依上述规定所评估出的市场价格。

实务应用

27. 被征收房屋的价格如何确定？

《条例》第 19 条规定了对被征收房屋的价值补偿不低于房屋征收决定公告之日与被征收房屋的区位、用途、权利性质、档次、新旧程度、规模、建筑结构等相同或者相似的房地产的市场价格。被征收房屋的价值，由具有资质的房地产价格评估机构按照国务院住房和城乡建设主管部门制定的房屋征收评估办法来评估确定。国务院住房和城乡建设主管部门在制定房屋征收评估办法的过程中要向社会公开征求意见。若对房地产价格评估机构出具的评估结果有异议的可向其提出复核评估的申请，对复核结果仍有异议的，可再向房地产价格评估专家委员会申请鉴定。

28. 《条例》对房地产评估作了哪些规定？

一是明确对被征收房屋价值的补偿，按照不得低于房屋征收决定公告之日被征收房屋类似房地产的市场价格的原则进行补偿。对评估中应当考虑的区位、用途、建筑结构、新旧程度、建筑面积等因素以及装修和原有设备的拆装损失补偿等问题，将由房屋征收评估办法进行具体规定。

二是明确房地产价格评估机构由被征收人协商选定；协商不成的，通过多数决定、随机选定等方式确定，具体办法由省、自治区、直辖市制定。

三是规定房地产价格评估机构应当独立、客观、公正地开展房屋征收评估工作，任何单位和个人不得干预。对房地产价格评估机构或者房地产估价师出具虚假或者有重大差错的评估报告的违法行为，规定了严格的法律责任。

四是规定对评估确定的被征收房屋价值有异议的，可以向房地产价格评估机构申请复核评估。对复核结果有异议的，可以向房地产价格评估专家委员会申请鉴定。

案例指引

11. 政府作出征收补偿决定前没有向原告送达房屋评估结果是否剥夺了原告依法享有的权利？①

2012 年 3 月 20 日，雨山区人民政府发布雨城征〔2012〕2 号《雨山区人民政府征收决定》及《采石古镇旧城改造项目房屋征收公告》。艾某云、沙某芳名下的马鞍山市雨山区采石九华街 22 号房屋位于征收范围内，其房产证证载房屋建筑面积 774.59 平方米；房屋产别：私产；设计用途：商业。土地证记载使用权面积 1185.9 平方米；地类（用途）：综合；使用权类型：出让。2012 年 12 月，雨山区房屋征收部门在司法工作人员全程见证和监督下，抽签确定雨山区采石九华街 22 号房

---

① 参见《最高人民法院 2014 年 8 月 29 日发布征收拆迁十大案例》（2015 年 2 月 10 日发布），艾某云、沙某芳诉马鞍山市雨山区人民政府房屋征收补偿决定案，载最高人民法院网 https：//www.court.gov.cn/zixun/xiangqing/13405.html，最后访问日期：2023 年 5 月 8 日。

屋的房地产价格评估机构为安徽民生房地产评估有限公司。2012年12月12日，安徽民生房地产评估有限公司向雨山区房屋征收部门提交了对艾某云、沙某芳名下房屋作出的市场价值估价报告。2013年1月16日，雨山区人民政府对被征收人艾某云、沙某芳作出雨政征补〔2013〕21号《房屋征收补偿决定书》。艾某云、沙某芳认为，被告作出补偿决定前没有向原告送达房屋评估结果，剥夺了原告依法享有的权利，故提起行政诉讼，请求依法撤销该《房屋征收补偿决定书》。

马鞍山市中级人民法院认为，根据《国有土地上房屋征收与补偿条例》第十九条的规定，被征收房屋的价值，由房地产价格评估机构按照房屋征收评估办法评估确定。对评估确定的被征收房屋价值有异议的，可以向房地产价格评估机构申请复核评估。对复核结果有异议的，可以向房地产价格评估专家委员会申请鉴定。根据住房和城乡建设部颁发的《国有土地上房屋征收评估办法》第十六条、第十七条、第二十条、第二十二条的规定，房屋征收部门应当将房屋分户初步评估结果在征收范围内向被征收人公示。公示期满后，房屋征收部门应当向被征收人转交分户评估报告。被征收人对评估结果有异议的，自收到评估报告10日内，向房地产评估机构申请复核评估。对复核结果有异议的，自收到复核结果10日内，向房地产价格评估专家委员会申请鉴定。从本案现有证据看，雨山区房屋征收部门在安徽民生房地产评估有限公司对采石九华街22号作出的商业房地产市场价值评估报告后，未将该报告内容及时送达艾某云、沙某芳并公告，致使艾某云、沙某芳对其房产评估价格申请复核评估和申请房地产价格评估专家委员会鉴定的权利丧失，属于违反法定程序。据此，判决撤销雨山区人民政府作出的雨政征补〔2013〕21号《房屋征收补偿决定书》。宣判后，各方当事人均未提出上诉。

本案典型意义在于：通过严格的程序审查，在评估报告是否送达这一细节上，彰显了司法对被征收人获得公平补偿权的全方位保护。房屋价值评估报告是行政机关作出补偿决定最重要的依据之一，如果评估报告未及时送达，会导致被征收人申请复估和申请鉴定的法定权利无法行使，进而使得补偿决定本身失去合法性基础。本案判决敏锐地把握住了程序问题与实体权益保障的重要关联性，果断撤销了补偿决定，保障是充分到位的。

12. **行政机关在对房屋拆迁补偿纠纷作出裁决时，以一方委托的评估公司作出的评估报告为依据，另一方提出异议的，应如何认定该行政裁决？**①

2002 年 4 月 9 日，拆迁人万某公司的中贸百货商场建设项目由宿迁市发展计划委员会批准立项。2002 年 9 月 28 日，万某公司取得了建设用地规划许可证，2002 年 10 月 25 日，万某公司取得了国有土地批准书。2003 年 3 月 24 日，万某公司取得了房屋拆迁许可证，获得拆迁资格。2003 年 3 月 24 日，宿迁市建设局发布拆迁公告，并在公告中载明了拆迁范围、搬迁期限、拆迁评估机构。原告宋某莉的房屋建筑面积为637.07 平方米，位于宿迁市幸福中路，在拆迁范围内。方某公司根据万某公司的委托，对宋某莉的拆迁房屋进行了估价，由于宋某莉对被拆房屋补偿价有异议，且要求产权调换，双方未能达成协议。2003 年 5 月 28 日，万某公司申请宿迁市建设局对拆迁纠纷进行裁决。2003 年 6 月 5 日，宿迁市建设局依据方某公司的评估价格对万某公司与宋某莉的拆迁纠纷作出裁决，主要内容是：（一）被拆迁人宋某莉应在裁决书生效之日起15 日内拆迁完毕；（二）房屋安置补偿费（包括房屋补偿费、搬家费、附属设施及装饰装潢费、临时安置补助费及停业损失费）共计为685651.88 元；（三）万某公司在中贸百货商城项目完工后提供一处位于该商城项目的房屋（面积与被拆房屋面积相当），拆迁人调换房屋价格以市场评估价为准；（四）万某公司安排过渡房一套供被拆迁人临时居住。宋某莉对裁决不服，提起行政诉讼，请求撤销该裁决。

宿迁市宿城区人民法院认为：《国务院城市房屋拆迁管理条例》

---

① 参见《宋某莉诉宿迁市建设局房屋拆迁补偿安置裁决案》，载《最高人民法院公报》2004 年第 8 期。

（已失效）第十六条规定，拆迁人与被拆迁人或者拆迁人、被拆迁人与房屋承租人达不成拆迁补偿安置协议的，经当事人申请，由房屋拆迁管理部门裁决。第十七条规定，被拆迁人或者房屋承租人在裁决规定的搬迁期限内未搬迁的，由房屋所在地的市、县人民政府责成有关部门强制拆迁，或者由房屋拆迁管理部门依法申请人民法院强制拆迁。《江苏省城市房屋拆迁管理条例》（已失效）第十九条规定，对被拆迁房屋进行价格评估时，没有征求被拆迁人的意见；拆迁人和被拆迁人不能达成一致的，由房屋拆迁管理部门在符合条件的评估机构中抽签确定，房屋拆迁管理部门应当在抽签前三日在拆迁地点公告抽签的时间和地点的规定。本案中，被告宿迁市建设局根据第三人万某公司的申请，有权依照《国务院城市房屋拆迁管理条例》的规定，对原告宋某莉与万某公司之间的拆迁纠纷作出行政裁决。尽管《国务院城市房屋拆迁管理条例》和《江苏省城市房屋拆迁管理条例》对行政拆迁程序没有明确的规定，但行政机关在裁决时充分保障当事人的合法权利，允许双方当事人对争议问题进行申辩和陈述。但宿迁市建设局在裁决宋某莉与万某公司的拆迁纠纷时，未允许宋某莉对争议问题予以陈述和申辩，有失公正，仅根据万某公司的申请及万某公司单方委托的评估公司的评估结果作为行政裁决的依据，违反了《江苏省城市房屋拆迁管理条例》的规定。此外，该裁决虽然确定了以产权调换的方式对宋某莉需要拆迁的房产予以补偿，但却未将调换给宋某莉房屋的具体位置、楼层、房屋价格等内容予以明确表述，致使拆迁补偿的裁决内容无法执行。综上，该行政裁决程序上违反法律规定、内容上不具有执行效力，应重新予以裁决。鉴于宋某莉的房屋现已被拆迁，故对裁决内容中的第（一）项予以维持，其余各项予以撤销。

宣判后，宿迁市建设局不服一审判决，向江苏省宿迁市中级人民法院提起上诉。

宿迁市中级人民法院认为：本案争议的焦点是：宿迁市建设局的裁决所依据的评估报告是否合法有效。万某公司的中贸百货商场建设项目经行政主管部门依照法定程序审批，并取得了对被告宋某莉在幸福中路房产的拆迁许可，万某公司在与被拆迁方无法达成拆迁协议的情况下，依法申请宿迁市建设局对需拆迁房屋强制拆迁，并无不当，宿迁市建设局根据《城市房屋拆迁管理条例》的规定，在本案的行政裁决第（一）项中决定限期对宋某莉的房产予以拆迁，符合有关行政法规的规定，依法应予维持。但宿迁市建设局在裁决被拆迁房屋补偿款时，仅以万某公司单方委托的方某公司的评估结论为依据，违反了《江苏省城市房屋拆迁管理条例》的规定。本案被拆迁房屋的评估，系万某公司单方面委托方某公司所为，未经被拆迁人宋某莉的同意。在万某公司与宋某莉无法对房屋拆迁事宜达成一致意见时，宿迁市建设局在行政裁决中以拆迁单位单方面委托的评估公司的评估报告为依据，而不是依照规定在符合条件的评估机构中抽签确定评估单位，对万某公司与宋某莉的房屋拆迁纠纷作出裁决不当，应认定为裁决的主要证据不足，程序违法。依照最高人民法院《关于行政诉讼证据若干问题的规定》第六十二条第（二）项规定，对被告在行政程序中采纳的鉴定结论，原告或者第三人提出证据证明鉴定程序严重违法的，人民法院不予采纳。由于宿迁市建设局没有提供证据证实采纳该评估结论的操作程序合法，故应依法对宿迁市建设局裁决中的第（二）项予以撤销。基于宋某莉对宿迁市建设局按照有关规定认定的拆迁搬家、安置补偿标准没有异议，应予以确认。由于宿迁市建设局裁决中的第（三）项的内容不具有实际可操作性，故一审判决予以撤销并无不当。基于宋某莉的房屋拆迁时已对外出租，在安排宋某莉房屋拆迁后的过渡用房时，应尊重宋某莉及承租人的选择权。宿迁市建设局在裁决中虽然对宋某莉房屋拆迁后安排了过渡用房，但由于宋某莉实际上并未使用，故一审判决对此内容予以撤销，亦无不当。

综上，宿迁市中级人民法院依照《行政诉讼法》第六十一条①第

① 现为第89条。

（一）项之规定，于 2003 年 12 月 9 日判决：驳回上诉，维持原判。

行政裁决是指行政机关或法定授权的组织，依照法律授权，对平等主体之间发生的、与行政管理活动密切相关的、特定的民事纠纷（争议）进行审查，并作出裁决的具体行政行为。行政机关在对房屋拆迁补偿纠纷作出裁决时，违反法规的规定，以拆迁人单方委托的评估公司的评估报告为依据，被拆迁人提出异议的，应认定行政裁决的主要证据不足。

▨ 关联参见

《国有土地上房屋征收评估办法》第 10 条

第二十条　【房地产价格评估机构】 房地产价格评估机构由被征收人协商选定；协商不成的，通过多数决定、随机选定等方式确定，具体办法由省、自治区、直辖市制定。

房地产价格评估机构应当独立、客观、公正地开展房屋征收评估工作，任何单位和个人不得干预。

▨ 条文解读

价格评估机构 ❯ 房地产价格评估机构的选定，应当注意以下几点：

一是首先由被征收人协商选定。被征收人应当在规定的时间内先行协商，如果能够达成一致意见，且选择的房地产价格评估机构符合本《条例》第 19 条规定的房地产价格评估机构资质要求的，应当由被征收人选定的评估机构实施评估。被征收人首先通过协商方式来选择房地产评估机构能够充分表达被征收人的意见，有助于被征收人就房地产评估机构的选定达成共识，减少误解和分歧，促进房屋征收与补偿的顺利进行。

二是如果被征收人在规定时间内没有就房地产价格评估机构选定进行协商或者虽经协商但未达成一致意见的，应当通过多数决定、随机选定等方式确定，如进行投票、抽签、摇号、招投标等，整个确定房地产价格评估机构的过程应当公开、公平、公正。具体可由房屋征收部门组织进行。采用随机选定的方式，应当有被征收人代表到场，还可以邀请有公信力的人士或机构到场监督。《国有土地上房屋征收评估办法》第4条即进一步明确，"房地产价格评估机构由被征收人在规定时间内协商选定；在规定时间内协商不成的，由房屋征收部门通过组织被征收人按照少数服从多数的原则投票决定，或者采取摇号、抽签等随机方式确定"。

三是房地产价格评估机构选定的具体办法由省、自治区、直辖市制定。由于各地区差异性很大，需要因地制宜，因此，本条例授权省、自治区、直辖市人民政府根据本地实际情况，制定本地区的房地产价格评估机构选定的具体办法。制定办法时，不应当限制符合条件的房地产价格评估机构平等参与评估活动的机会。

案例指引

13. 房屋征收评估机构选择程序的合法性如何认定？[①]

商城县城关迎春台区域的房屋大多建于30年前，破损严重，基础设施落后。2012年12月8日，商城县房屋征收部门发布《关于迎春台棚户区房屋征收评估机构选择公告》，提供信阳市某宇房地产估价师事务所有限公司、安徽某安房地产评估咨询有限公司、商城县某盛房地产评估事务所作为具有资质的评估机构，由被征收人选择。后因征收人与被征收人未能协商一致，商城县房屋征收部门于12月11日发布《关于迎春台棚户区房屋征收评估机构抽签公告》，并于12月14日组织被征收人和群众代表抽签，确定信阳市某宇房地产估价师事务所有限公司为该次房屋征收的价格评估机构。2012年12月24日，商城县人民政府作

---

① 参见《最高人民法院2014年8月29日发布征收拆迁十大案例》（2015年2月10日发布），文某安诉商城县人民政府房屋征收补偿决定案，载最高人民法院网 https://www.court.gov.cn/zixun/xiangqing/13405.html，最后访问日期：2023年5月8日。

出商政〔2012〕24号《关于迎春台安置区改造建设房屋征收的决定》。原告文某安长期居住的迎春台132号房屋在征收范围内。2013年5月10日,房地产价格评估机构出具了房屋初评报告。商城县房屋征收部门与原告在征收补偿方案确定的签约期限内未能达成补偿协议,被告于2013年7月15日依据房屋评估报告作出商政补决字〔2013〕3号《商城县人民政府房屋征收补偿决定书》。原告不服该征收补偿决定,向人民法院提起诉讼。

信阳市中级人民法院认为,本案被诉征收补偿决定的合法性存在以下问题:(一)评估机构选择程序不合法。商城县房屋征收部门于2012年12月8日发布《关于迎春台棚户区房屋征收评估机构选择公告》,但商城县人民政府直到2012年12月24日才作出《关于迎春台安置区改造建设房屋征收的决定》,即先发布房屋征收评估机构选择公告,后作出房屋征收决定。这不符合《国有土地上房屋征收与补偿条例》第二十条第一款有关"房地产价格评估机构由被征收人协商选定;协商不成的,通过多数决定、随机选定等方式确定,具体办法由省、自治区、直辖市制定"的规定与《河南省实施〈国有土地上房屋征收与补偿条例〉的规定》第六条的规定,违反法定程序。(二)对原告文某安的房屋权属认定错误。被告在《关于文某安房屋产权主体不一致的情况说明》中称"文某安在评估过程中拒绝配合致使评估人员未能进入房屋勘察",但在《迎春台安置区房地产权属情况调查认定报告》中称"此面积为县征收办入户丈量面积、房地产权属情况为权属无争议"。被告提供的证据相互矛盾,且没有充分证据证明系因原告的原因导致被告无法履行勘察程序。且该房屋所有权证及国有土地使用权证登记的权利人均为第三人文某而非文某安,被告对该被征收土地上房屋权属问题的认定确有错误。据此,一审法院判决撤销被诉房屋征收补偿决定。宣判后,各方当事人均未提出上诉。

本案典型意义在于:从程序合法性、实体合法性两个角度鲜明地指出补偿决定存在的硬伤。在程序合法性方面,依据有关规定突出强调了征收决定作出后才能正式确定评估机构的基本程序要求；在实体合法性方面，强调补偿决定认定的被征收人必须适格。本案因存在征收决定作出前已确定了评估机构，且补偿决定核定的被征收人不是合法权属登记人的问题，故判决撤销补偿决定，彰显了程序公正和实体公正价值的双重意义。

14. 被征收人拒绝履行配合与协助的义务导致无法评估的，不利后果由谁承担？[①]

2015 年 2 月 10 日，浙江省舟山市普陀区人民政府（以下简称普陀区政府）作出普政房征决（2015）1 号房屋征收决定，对包括孙某兴在内的国有土地上房屋及附属物进行征收。在完成公告房屋征收决定、选择评估机构、送达征收评估分户报告等法定程序之后，孙某兴未在签约期限内达成补偿协议、未在规定期限内选择征收补偿方式，且因孙某兴的原因，评估机构无法入户调查，完成被征收房屋的装饰装修及附属物的价值评估工作。2015 年 5 月 19 日，普陀区政府作出被诉房屋征收补偿决定，并向其送达。该补偿决定明确了被征收房屋补偿费、搬迁费、临时安置费等数额，决定被征收房屋的装饰装修及附属物经入户按实评估后，按规定予以补偿及其他事项。孙某兴不服，提起诉讼，请求撤销被诉房屋征收补偿决定。

舟山市中级人民法院一审认为，本案房地产价格评估机构根据被征收房屋所有权证所载内容并结合前期调查的现场勘察结果，认定被征收房屋的性质、用途、面积、位置、建筑结构、建筑年代等，并据此作出涉案房屋的征收评估分户报告，确定了评估价值（不包括装修、附属设施及未经产权登记的建筑物）。因孙某兴的原因导致无法入户调查，评估被征收房屋的装饰装修及附属物的价值，故被诉房屋征收补偿决定载

---

① 参见《人民法院征收拆迁典型案例（第二批）》（2018 年 5 月 15 日发布），孙某兴诉浙江省舟山市普陀区人民政府房屋征收补偿案，载最高人民法院网 https://www. court.gov.cn/zixun-xiangqing-95912.html，最后访问日期：2023 年 5 月 8 日。

明对于被征收房屋的装饰装修及附属物经入户按实评估后按规定予以补偿。此符合《浙江省国有土地上房屋征收与补偿条例》第三十三条第三款的规定，并未损害孙某兴的合法权益，遂判决驳回了孙某兴的诉讼请求。孙某兴提起上诉，浙江省高级人民法院判决驳回上诉、维持原判。

评估报告只有准确反映被征收房屋的价值，被征收人才有可能获得充分合理的补偿。要做到这一点，不仅需要行政机关和评估机构依法依规实施评估，同时也离不开被征收人自身的配合与协助。如果被征收人拒绝履行配合与协助的义务导致无法评估，不利后果应由被征收人承担。本案即属此种情形，在孙某兴拒绝评估机构入户，导致装饰装修及房屋附属物无法评估的情况下，行政机关没有直接对上述财物确定补偿数额，而是在决定中载明经入户按实评估后按规定予以补偿，人民法院判决对这一做法予以认可。此案判决不仅体现了对被拆迁人合法权益的保护，更值得注意的是，以个案方式引导被征收人积极协助当地政府的依法征拆工作，依法维护自身的合法权益。

关联参见

《国有土地上房屋征收评估办法》第4条

第二十一条　【产权调换】 被征收人可以选择货币补偿，也可以选择房屋产权调换。

被征收人选择房屋产权调换的，市、县级人民政府应当提供用于产权调换的房屋，并与被征收人计算、结清被征收房屋价值与用于产权调换房屋价值的差价。

因旧城区改建征收个人住宅，被征收人选择在改建地段进行房屋产权调换的，作出房屋征收决定的市、县级人民政府应当提供改建地段或者就近地段的房屋。

补偿方式 ➡ 所谓"货币补偿"是指在房屋征收补偿中，以市场评估价为标准，对被征收房屋的所有权人进行货币形式的补偿。所谓"产权调换"是指房屋征收部门提供用于产权调换的房屋与被征收房屋进行调换，计算价格后，结清差价。被征收人选择房屋产权调换的，分别计算被征收房屋价值和用于产权调换的房屋价值，再结清被征收房屋和用于产权调换房屋的差价。

产权调换房屋结算差价 ➡ 政府在征收补偿方案中一般会明确用于产权调换房屋的地点、户型、面积等，以及选择不同地点产权调换房屋所享受的不同政策，被征收人根据各自实际需要，可以选择产权调换形式。被征收人选择房屋产权调换的，对被征收房屋价值和用于产权调换房屋价值分别计算，再结清被征收房屋和用于产权调换房屋的差价。为保证被征收房屋评估结果和产权调换房屋价格的公平，产权调换房屋价值评估时点应当与被征收房屋价值评估时点一致。被征收房屋价值评估时点为房屋征收决定公告之日，产权调换房屋价值评估时点也应当是房屋征收决定公告之日。另外，除政府对产权调换房屋价格有特别规定外，一般应当以市场评估的方式确定产权调换房屋的价值。

旧城区改建征收个人住宅 ➡ 一是只适用于因旧城区改建需要，征收个人住宅的情况；二是只有被征收人选择在改建地段进行房屋产权调换的情况下才适用，若被征收人不选择在改建地段进行房屋产权调换，则不适用；三是在同时满足上述两个前提的情况下，作出房屋征收决定的市、县级人民政府应当提供改建地段或者就近地段的房屋。

这里的"改建地段"应当是指同一项目，分期建设的，在各期中安置均应符合本条规定。这里的"就近地段"，由于城市规模、居民生活习惯不同，难以确定全国的统一标准，由各地在制定细则时确定。

29. 设有抵押权的房屋如何补偿？

所谓设有抵押权的房屋，是指房屋所有人以其所有的房屋作为抵押标的物，向抵押权人设定抵押。根据《民法典》第 406 条和第 407 条、《城市房地产抵押管理办法》的相关规定，结合征收实际，对设有抵押权的房屋进行征收时，应当按以下程序进行补偿和安置：首先，要认定抵押的效力，并及时通知抵押权人。抵押标的物的灭失，将直接影响抵押权人的利益，因此，征收人一旦发现被征收范围内的房屋有已设立抵押的，应当将征收的情况及该房屋的补偿安置情况及时通知抵押权人；对采取产权调换方式进行征收补偿的，应当由抵押权人和抵押人（即被征收房屋的所有人）就抵押人新换得的房屋重新签订房屋抵押协议；采取货币补偿方式进行征收补偿的，由于货币补偿是一种买卖的房屋变价，是一种征收人支付现金补偿后注销房屋产权的方法，必然导致抵押标的物的灭失，影响抵押权人的合法利益。为保证以房屋担保的债权债务关系不受房屋征收的影响，保护抵押权人的合法利益，抵押权人可以行使代位求偿权，将抵押房产的征收补偿款或提前清偿债务，或提存。当然，也可以由抵押人在房屋征收之前与抵押权人以别的标的物重新设立抵押权，建立新的抵押关系，或者由抵押人清偿债务，结束抵押关系。

案例指引

15. 当抵押的房屋被征收后，抵押权人的权益如何保障？[1]

2018 年 11 月，冯某与周某、武某签订《个人抵押借款合同》，约

---

[1] 参见《审级职能定位改革试点丨当抵押的房屋被征收后，抵押权人的权益如何保障？》，载烟台市中级人民法院官方微信公众号 https://mp.weixin.qq.com/s/zFC-6HZsqtyOM924ah6v5g，最后访问日期：2023 年 5 月 8 日。

定：冯某向周某出借款项 150 万元，年利率为 15%，借期为 2018 年 11 月 20 日至 2019 年 5 月 17 日，周某则以上海市某房产提供抵押担保，抵押范围包括本息和实现债权的费用（包括但不限于律师费、诉讼费、执行费）；武某为借款提供连带责任保证。合同签订后，冯某于 2018 年 11 月 19 日向周某转款两笔共计 60 万元，于 2018 年 11 月 20 日又向周某转款两笔共计 90 万元。2018 年 11 月 23 日，周某将上述房产抵押给冯某，双方至上海市某局办理了抵押登记，抵押的期限自抵押登记之日起至主债务履行完毕止。

2019 年 10 月 12 日，上海市某区人民政府因公共利益需要，发布房屋征收决定，房屋征收范围包括了周某抵押的房产。2019 年 11 月 14 日，周某就抵押的房产与上海市某局、上海市某房屋征收公司签订《上海市国有土地上房屋征收补偿协议》，补偿价款为 3365294 元。上海市某房屋征收公司于 2019 年 12 月 30 日向周某发放拆迁款项 3365293.38 元，于 2020 年 5 月 12 日向周某发放百分比奖等共计 70000 元，抵押房屋后被拆除。借款后，截止到 2021 年 4 月 25 日，周某和武某仅支付给冯某借款利息 362500 元，未偿还借款本金。而后冯某多次向周某、武某追索借款未果，遂状诉至法院。同时，冯某认为上海市某局、上海市某房屋征收公司在明知房屋存在抵押，未告知抵押权人拆迁的情况下，将补偿款项直接发放给了周某，致使其无法对征收补偿款实现优先受偿权，应对上述款项承担赔偿责任。

本案的争议焦点包括：征收部门是否存在过错？是否应当承担民事赔偿责任？

庭审中，上海市某局和上海市某房屋征收公司认为，此次征收房屋的行为系依法履行行政职能的行为，因征收补偿产生的纠纷，应当属于行政诉讼审理范围，不属于民事诉讼受案范围。另外，周某对上海市某局和上海市某房屋征收公司刻意隐瞒了其抵押房屋的事实，在征收期间冯某也从未向其告知被征收房屋已设立抵押登记，未提供任何抵押登记材料。因此，上海市某局对该房屋已设定抵押不知情，而且民事抵押行为也不能妨碍行政征收。

此外，本案系周某向冯某借款，并由武某承担保证责任，周某、武某才是该借贷行为的第一还款责任人，冯某应当首先向周某、武某单独提起民间借贷诉讼，在获得胜诉并经过执行程序，经人民法院审查最终认定"周某、武某无支付能力"，此时，对于冯某而言，才发生债权被侵害，冯某方可提起行政诉讼，确认其征收行为是否违法，是否应当承担国家赔偿。

而冯某则认为，上海市某局和上海市某房屋征收公司违反拆迁依据《上海市国有土地上房屋征收与补偿实施细则》的规定，未将涉案房产的拆迁补偿款进行提存，将拆迁补偿款发放给周某，导致其优先受偿权无法实现，损害了其合法权益，应当承担民事赔偿责任。

诉讼过程中，上海市某房屋征收公司未提交《上海市国有土地上房屋征收与补偿实施细则》，上海市某局和上海市某房屋征收公司均未提交证据证实已收取周某涉案房产房地产权证原件。

根据本案事实证据和相关法律法规，法院作出民事判决：一、限被告周某于判决生效之日10日内偿还原告冯某借款本金1492260元及2021年4月30日前欠付的利息187363元，并以借款本金1492260元为基数自2021年5月1日起至实际给付之日止按年利率15%计付利息；二、限被告周某于本判决生效之日起10日内支付原告冯某律师费75000元；三、被告武某对被告周某上述第一、二项还款义务承担连带清偿责任；四、被告上海市某局在已发放征收补偿款3435293.38元范围内对被告周某、武某不能清偿部分承担补充赔偿责任；五、驳回原告冯某的其他诉讼请求。

16. 当房屋征收时，设有抵押权的房屋如何补偿？[①]

沈阳市和平区人民政府于2011年6月20日作出房屋征收决定，对

---

① 参见《中国建设银行股份有限公司某支行与沈阳市和平区土地房屋征收管理办公室、沈阳市和平区土地房屋征收补偿中心履行补偿职责违法并赔偿纠纷二审行政裁定书》，案号：（2016）辽01行终347号，载中国裁判文书网，最后访问日期2023年7月2日。

富民小区地块实施房屋征收。被告沈阳市和平区国有土地房屋征收管理办公室、沈阳市和平区国有土地房屋征收补偿服务中心与被征收人李某起于 2011 年 7 月 21 日签订《国有土地上房屋征收与补偿协议》，载明：房屋坐落在肇东街＊＊号，《房屋所有权证》编号：NO100＊＊＊＊，建筑面积 58.1 平方米，用途为住。被征收房屋的货币补偿金额总计 649147 元。李某起已领取补偿款，该被征收房屋已被拆除。原告中国建设银行股份有限公司某支行于 2016 年 1 月起诉到沈阳市沈河区人民法院。2010 年 3 月 11 日，李某起与原告签订《个人住房借款合同》，借款数额为人民币 150000 元，借款期限 108 个月。李某起提供位于沈阳市和平区肇东街＊＊号，建筑面积 58.1 平方米的房屋作为抵押物，并依法办理了抵押登记。因李某起未如期偿还贷款，原告于 2013 年 5 月诉至沈阳市皇姑区人民法院。沈阳市皇姑区人民法院于 2013 年 11 月 21 日作出（2013）皇民三初字第 652 号民事判决书，判决解除双方签订的《个人住房借款合同》；李某起偿还原告贷款本金 112616.56 元及利息罚息；原告对李某起抵押的房产享有优先受偿权。李某起于 2015 年 4 月 5 日死亡。沈阳市皇姑区人民法院于 2015 年 8 月 10 日作出（2015）皇执字第 549 号执行裁定书，因被抵押的房产暂不具备执行条件，李某起名下又无其他可供执行的财产，裁定终结本次执行程序。

沈阳市沈河区人民法院认为，《条例》第 25 条第 1 款规定："房屋征收部门与被征收人依照本条例的规定，就补偿方式、补偿金额和支付期限、用于产权调换房屋的地点和面积、搬迁费、临时安置费或者周转用房、停产停业损失、搬迁期限、过渡方式和过渡期限等事项，订立补偿协议。"根据上述规定，本案原告作为被征收房屋的抵押权人，其不是被征收房屋的所有权人李某起与被告签订的征收与补偿协议的合同主体，且与该行政协议无法律上的利害关系，不具有诉讼主体资格，其起诉应予驳回。被征收人李某起作为被征收房屋的抵押人其未告知抵押权人，既与被告签订房屋征收与补偿协议，并领取了补偿金，原告认为侵害了其优先受偿权，原告可依照相关法律规定，另行主张权利。依法裁定：驳回原告中国建设银行股份有限公司某支行的起诉。诉讼费50元，退还给原告。

上诉人中国建设银行股份有限公司某支行不服一审行政裁定，上诉至辽宁省沈阳市中级人民法院。

辽宁省沈阳市中级人民法院认为，根据《条例》第2条"为了公共利益的需要，征收国有土地上单位、个人的房屋，应当对被征收房屋所有权人（以下称被征收人）给予公平补偿"、第25条"房屋征收部门与被征收人依照本条例的规定，就补偿方式、补偿金额和支付期限、用于产权调换房屋的地点和面积、搬迁费、临时安置费或者周转用房、停产停业损失、搬迁期限、过渡方式和过渡期限等事项，订立补偿协议。补偿协议订立后，一方当事人不履行补偿协议约定的义务的，另一方当事人可以依法提起诉讼"的规定，上诉人系被征收房屋的抵押权人，不是被征收人，且不是协议签订人，故不具有提起本案诉讼的主体资格。原审裁定驳回起诉正确，上诉人的上诉请求，本院不予支持。综上，裁定驳回上诉，维持原裁定。

被征收房屋的抵押权人不是被征收房屋的所有权人与房屋征收部门签订的征收与补偿协议的合同主体，且与该行政协议无法律上的利害关系，不具有诉讼主体资格，其起诉应予驳回。被征收房屋的抵押人未告知抵押权人，与房屋征收部门签订房屋征收与补偿协议，并领取了补偿金，抵押权人认为侵害了其优先受偿权的，可依照相关法律规定，另行主张权利。

17. 被诉房屋征收补偿决定是否侵害了当事人的补偿方式选择权？①

2011年10月29日，淮安市淮阴区人民政府（以下称淮阴区政府）

---

① 参见《最高人民法院2014年8月29日发布征收拆迁十大案例》（2015年2月10日发布），何某诉淮安市淮阴区人民政府房屋征收补偿决定案，载最高人民法院网 https://www.court.gov.cn/zixun/xiangqing/13405.html，最后访问日期：2023年5月8日。

发布《房屋征收决定公告》，决定对银川路东旧城改造项目规划红线范围内的房屋和附属物实施征收。同日，淮阴区政府发布《银川路东地块房屋征收补偿方案》，何某位于淮安市淮阴区黄某路北侧 3 号楼 205 号的房屋在上述征收范围内。经评估，何某被征收房屋住宅部分评估单价为 3901 元/平方米，经营性用房评估单价为 15600 元/平方米。在征收补偿商谈过程中，何某向征收部门表示选择产权调换，但双方就产权调换的地点、面积未能达成协议。2012 年 6 月 14 日，淮阴区政府依征收部门申请作出淮政房征补决字［2012］01 号《房屋征收补偿决定书》，主要内容：何某被征收房屋建筑面积 59.04 平方米，设计用途为商住。因征收双方未能在征收补偿方案确定的签约期限内达成补偿协议，淮阴区政府作出征收补偿决定：1. 被征收人货币补偿款总计 607027.15 元；2. 被征收人何某在接到本决定之日起 7 日内搬迁完毕。何某不服，向淮安市人民政府申请行政复议，后淮安市人民政府复议维持本案征收补偿决定。何某仍不服，遂向法院提起行政诉讼，要求撤销淮阴区政府对其作出的征收补偿决定。

淮安市淮阴区人民法院认为，本案争议焦点为被诉房屋征收补偿决定是否侵害了何某的补偿方式选择权。根据《条例》第 21 条第 1 款规定，被征收人可以选择货币补偿，也可以选择产权调换。通过对本案证据的分析，可以认定何某选择的补偿方式为产权调换，但被诉补偿决定确定的是货币补偿方式，侵害了何某的补偿选择权。据此，法院作出撤销被诉补偿决定的判决。一审判决后，双方均未提起上诉。

本案典型意义在于：在房屋补偿决定诉讼中，旗帜鲜明地维护了被征收人的补偿方式选择权。《条例》第 21 条第 1 款明确规定"被征收人可以选择货币补偿，也可以选择房屋产权调换"，而实践中不少"官"民矛盾的产生，源于市、县级政府在作出补偿决定时，没有给被征收人选择补偿方式的机会而径直加以确定。本案的撤销判决从根本上纠正了行政机关这一典型违法情形，为当事人提供了充分的司法救济。

第二十二条 【搬迁与临时安置】因征收房屋造成搬迁的，房屋征收部门应当向被征收人支付搬迁费；选择房屋产权调换的，产权调换房屋交付前，房屋征收部门应当向被征收人支付临时安置费或者提供周转用房。

条文解读

临时安置 ➡ 本条是关于搬迁费、临时安置费或周转用房的规定。在房屋被征收后，房屋征收部门应当向被征收人支付搬迁费。根据本条规定，搬迁费的发放对象是房屋的所有权人，即被征收人。

对于选择房屋产权调换的，在产权调换房屋交付前，房屋征收部门应当向被征收人支付临时安置费或者提供周转用房。被征收人自行过渡的，征收部门应对被征收人支付临时安置费。房屋征收部门向被征收人提供周转用房的，房屋征收部门已经履行了为被征收人承担临时安置的责任，不必付给被征收人临时安置费。考虑到各地经济水平和实际情况不同，搬迁费和临时安置费的具体标准由地方规定。注意，搬迁费和临时安置费是征收人因公共利益的需要，征收被征收人的房屋，导致被征收人居住的房屋被拆除，迁移他处所发生的费用，不能将它同征收过程中的安置补偿相混淆。

房屋征收部门所提供的周转用房数量，应当遵循以下几个原则：（1）参考被征收人原来所使用的房屋的面积和自然间数。（2）被征收人的家庭结构和需要周转过渡的家庭成员。（3）征收人为被征收人安置和补偿用房的数量。（4）安排的周转用房要使被征收人住得下。

案例指引

18. **在房屋拆迁补偿过程中，临时安置补助费的支付标准如何认定？**①

2011年12月5日，王某影与辽宁省沈阳市东陵区（浑南新区）第

---

① 参见《人民法院征收拆迁典型案例（第二批）》（2018年5月15日发布），王某影诉辽宁省沈阳市浑南现代商贸区管理委员会履行补偿职责案，载最高人民法院网 https://www.court.gov.cn/zixun-xiangqing-95912.html，最后访问日期：2023年5月8日。

二房屋征收管理办公室（以下简称房屋征收办）签订《国有土地上房屋征收与补偿安置协议》，选择实物安置的方式进行拆迁补偿，并约定房屋征收办于 2014 年 3 月 15 日前交付安置房屋，由王某影自行解决过渡用房，临时安置补助费每月 996.3 元。然而，房屋征收办一直未履行交付安置房屋的约定义务。2016 年 5 月 5 日，王某影与房屋征收办重新签订相关协议，选择货币方式进行拆迁补偿。其实际收到补偿款 316829 元，并按每月 996.3 元的标准领取了至 2016 年 5 月的临时安置补助费。其后因政府发文调整征收职责，相关职责下发到各个功能区管理委员会负责。王某影认为按照《沈阳市国有土地上房屋征收与补偿办法》第 36 条有关超期未回迁的双倍支付临时安置补助费的规定，沈阳市浑南现代商贸区管理委员会（以下简称浑南商贸区管委会）未履行足额支付其超期未回迁安置补助费的职责，遂以该管委会为被告诉至法院，请求判决被告支付其自 2014 年 1 月 1 日起至 2016 年 5 月止的超期未回迁安置补助费 47822.4 元（以每月 1992.6 元为标准）。

沈阳市大东区人民法院一审认为，王某影以实物安置方式签订的回迁安置协议已变更为以货币补偿方式进行拆迁补偿。合同变更后，以实物安置方式为标的的回迁安置协议已终止，遂判决驳回王某影的诉讼请求。王某影不服，提起上诉。沈阳市中级人民法院二审认为，本案焦点问题在于浑南商贸区管委会是否应当双倍支付临时安置补助费。由于 2016 年 5 月王某影与房屋征收办重新签订货币补偿协议时，双方关于是否双倍给付过渡期安置费问题正在民事诉讼过程中，未就该问题进行约定。根据《沈阳市国有土地上房屋征收与补偿办法》第三十六条第三项有关"超期未回迁的，按照双倍支付临时安置补助费。选择货币补偿的，一次性支付 4 个月临时安置补助费"的规定，浑南商贸区管委会应当双倍支付王某影 2015 年 2 月至 2016 年 5 月期间的临时安置补助费。虑及王某影已经按照一倍标准领取了临时安置补助费，二审法院遂撤销一审判决，判令浑南商贸区管委会以每月 996.3 元为标准，支付王某影 2015 年 2 月至 2016 年 5 月期间的另一倍的临时安置补助费 15940.8 元。

在依法治国的进程中，以更加柔和、富有弹性的行政协议方式代替以命令强制为特征的高权行为，是行政管理的一个发展趋势。如何通过行政协议的方式在约束行政权的随意性与维护行政权的机动性之间建立平衡，如何将行政协议置于依法行政理念支配之下是加强法治政府建设面临的重要课题之一。本案即为人民法院通过司法审查确保行政机关对行政协议权的行使符合法律要求，切实保障被征收人合法权益的典型案例。本案中，当事人通过合意，即签订国有土地上房屋征收与补偿安置协议的形式确定了各自行政法上具体的权利义务。行政协议约定的内容可能包罗万象，但依然会出现遗漏约定事项的情形。对于两个行政协议均未约定的"双倍支付"临时安置补助费的内容，二审法院依据2015年2月实施的《沈阳市国有土地上房屋征收与补偿办法》有关"超期未回迁的，按照双倍支付临时安置补助费"之规定，结合行政机关未能履行2011年协议承诺的交房义务以及2016年已协议改变补偿方式等事实，判令行政机关按照上述规定追加补偿原告2015年2月至2016年5月期间一倍的临时安置补助费。此案判决明确了人民法院可适用地方政府规章等规定对行政协议未约定事项依法"填漏补缺"的裁判规则，督促行政机关在房屋征收补偿工作中及时准确地适用各种惠及民生的新政策、新规定，对如何处理行政协议约定与既有法律规定之间的关系具有重要的指导意义。

第二十三条　【停产停业损失的补偿】 对因征收房屋造成停产停业损失的补偿，根据房屋被征收前的效益、停产停业期限等因素确定。具体办法由省、自治区、直辖市制定。

条文解读

停产停业损失 ◐ 停产停业损失，一般以实际发生的直接损失为主，根据房屋征收前被征收房屋的实际使用效益和实际停产、停业期限等确定。

停产停业损失补偿中涉及非住宅房屋的认定。认定为非住宅房屋，应当满足以下两个条件：第一，房屋为非住宅房屋，即是营业性用房；第二，经营行为合法，不能是违法经营；二者缺一不可。

本条是关于因征收房屋造成非住宅停产停业损失补偿的规定，规定了根据房屋被征收前的效益和停产停业期限等因素确定补偿金额，具体办法授权由省、自治区、直辖市制定。

非住宅房屋主要是指用于办公、生产和经营的房屋，主要包括商业用房、工业用房、机关事业单位办公用房以及其他公益事业用房等。商业用房是指用于从事商业经营活动的房屋，包括商店（商场、购物中心、商铺和市场等）、旅馆、写字楼、餐馆和游艺场馆（娱乐城、歌舞厅、高尔夫球场等）。工业用房是指用于进行生产制造活动的房屋，主要包括厂房及工厂区内的其他房屋，还包括仓库及其他仓储用房等。

停产、停业损失主要包括两方面内容：一是经济损失，即因停产、停业使被征收人失去了获得利润的机会，经济损失其实就是被征收人的利润损失。二是因征收而必须发生的一些费用。一般有以下几项：（1）设备、仪器、生产成品、半成品或商品的搬迁运输费用；（2）设备、仪器、搬迁过程中发生损坏的费用及重新安装调试的费用；（3）生产成品、半成品或商品搬迁过程中发生损坏的费用；（4）停产、停业期间职工（包括离、退人员）工资、福利费、各种保险等社会基金；（5）企业因征收倒闭、解散后职员的安置费用；（6）为特定经营环境而设的牌匾及其他装饰物的报废损坏的费用；（7）生产、经营证照的重新办理或变更的费用；（8）因解除房屋租赁关系而发生的房租损失及违约赔偿金或安置房屋承租人的费用。

实务应用

30. "住改非"房屋如何补偿？

"住改非"房屋，指产权性质为住宅，但已依法取得营业执照，成了经营性用房。处理"住改非"房屋时，应当遵循"尊重历史，实事求是"的原则。根据《国务院办公厅关于认真做好城镇房屋拆迁工作维护社会稳定的紧急通知》（国办发明电〔2003〕42号）要求，对拆迁范围内产权性质为住宅，但已依法取得营业执照的经营性用房的补偿，各地可根据其经营情况、经营年限及纳税等实际情况给予适当补偿。

第二十四条　【临时建筑】市、县级人民政府及其有关部门应当依法加强对建设活动的监督管理，对违反城乡规划进行建设的，依法予以处理。

市、县级人民政府作出房屋征收决定前，应当组织有关部门依法对征收范围内未经登记的建筑进行调查、认定和处理。对认定为合法建筑和未超过批准期限的临时建筑的，应当给予补偿；对认定为违法建筑和超过批准期限的临时建筑的，不予补偿。

条文解读

对建设活动监督和管理 ➡ 本条是关于对建设活动的监督和管理，以及在作出房屋征收决定前对征收范围内未经登记的建筑进行调查、认定和处理的规定。

（1）加强对城乡建设活动的监管

对城乡建设活动进行监管，是各级政府及其工作部门的重要职责。特别是土地、建设、规划和城管等部门，他们对于城乡建设活动负有直接的监管责任。根据违法建设的类型不同，其监管主体也不尽相同。我国立法并未明确"违章建筑"的含义，学理上也有不同看法。就其内涵而言，主要是指违反了《土地管理法》《城乡规划法》等相关法律法规的规定而建造的建筑物和其他工作物。各级政府要严格执法，禁止违法建筑出租、出售，在征收补偿过程中，依法公开、公平补偿，不让违法建筑者得到好处，斩断违法建筑的利益锁链。只有这样，违法建筑才能从根本上得到有效遏制。

（2）关于违法建筑的构成要件

违法建筑构成要件主要包括以下几个方面：第一，必须是违反《土地管理法》《城乡规划法》等建设、规划相关的法律、法规和合法有效的规章规定的行为。违法性是界定违法建筑的根本标准，这也是《条例》的亮点之一。将"违章建筑"修改为"违法建筑"，一字之改，体现的是对公民权利的保护，体现的是对依法行政的要求。第二，客观上表现为未取得建设工程规划许可证、临时建设工程规划许可证进行建设，或者未按上述许可要求进行建设的违法行为等。第三，违法建筑已经存在，但并不一定要求已经竣工完成。第四，行为人主观上要有过错。相对人的行政违法行为通常采取过错推定原则予以认定。只要相对人有法律所规定的行政违法行为，即推定其存在主观上的故意或者过失，除非法律有特别的规定，故意或者过失不影响对其违法行为性质的定性。第五，违法建筑的法律后果并非一律无偿拆除。一般情况下，法律对违法行为的制裁都规定了一个行政处罚的自由裁量幅度，对违法建筑的处罚亦是如此。

（3）关于征收前的违法建筑甄别程序

建立房屋征收决定前的违法建筑甄别程序是《条例》的历史性进步。这一程序的要点包括：甄别违法建筑必须是在政府作出房屋征收决定之前；甄别的范围包括征收范围内未经登记的建筑物；甄别程序包括调查、认定和处理等法定程序；甄别程序的结果可诉。当事人对行政机关作出的建筑物是否属于违法建筑以及对违法建筑的处理结果不服的，可以依法申请行政复议，也可以依法向人民法院提起行政诉讼。

实务应用

31. 对于未超过批准期限的临时建筑应如何给予补偿？

根据《城乡规划法》的规定，在城市规划区内进行临时建设，必须在批准的使用期限内拆除。因此，对于超过了批准期限的临时建筑，应当由建设者在限期内拆除，在征收时不予补偿。对于未超过批准期限的临时建筑，也是合法建筑，未到批准使用期限拆除，会给临时建筑所有人带来一定的经济损失。因此，拆除未超过批准期限的临时建筑，应当给予适当补偿。对未超过批准使用期限的临时建筑的补偿，应按已使用期限的剩余价值参考剩余使用期限确定。

第二十五条 【补偿协议】房屋征收部门与被征收人依照本条例的规定，就补偿方式、补偿金额和支付期限、用于产权调换房屋的地点和面积、搬迁费、临时安置费或者周转用房、停产停业损失、搬迁期限、过渡方式和过渡期限等事项，订立补偿协议。

补偿协议订立后，一方当事人不履行补偿协议约定的义务的，另一方当事人可以依法提起诉讼。

条文解读

补偿协议 ➡ 本条是关于补偿协议的订立和当事人不履行补偿协议情形的规定。

征收补偿协议是约定征收当事人之间权利与义务关系的合同。依法订立的补偿协议，对当事人具有法律约束力。当事人应当按照约定履行自己的义务，不得擅自变更或者解除协议。依法订立的协议，受法律保护。

根据《条例》的规定，补偿协议应当就如下内容作出规定：补偿方式、补偿金额和支付期限、用于产权调换房屋的地点和面积、搬迁费、临时安置费或者周转用房、停产停业损失、搬迁期限、过渡方式和过渡期限等事项。在房屋征收过程中，补偿协议是确立双方权利义务的主要根据。因此，围绕房屋征收中的主要问题，如补偿方式、补偿金额、支付期限、产权调换的地点和面积、搬迁费等内容，都需要通过补偿协议的方式予以确定。

32. 补偿协议具有什么性质？

房屋征收补偿协议属于民事合同还是行政合同，目前尚有争议。主张房屋征收补偿协议属于行政合同的学者和实务工作者认为，房屋征收补偿协议的各方面特征完全符合行政合同的基本特征。例如：从合同的目的看，房屋征收补偿合同是为了公共利益的需要；从征收补偿的全过程看，行政机关一方存在特权，市、县政府单方决定征收，达不成补偿协议政府有权单方作出征收补偿决定；从协议本身的内容看，协议范围、补偿标准等许多内容受法律的限制。因此，主张应当将补偿协议界定为行政合同。另一种意见主张补偿协议属于民事合同。其理由是：补偿协议体现的是房屋征收部门与被征收人之间的财产交换关系，属于平等主体之间的民事关系；补偿协议的内容通过双方的充分协商，体现双方共同一致的意思表示，是一种合意，而非单方意思表示；补偿协议遵守民法上的等价有偿原则。更有甚者，彻底否定行政合同的存在。

就《条例》的规定来看，并未明确补偿协议的性质问题，对不履行协议产生的纠纷性质，也未明确规定属于行政诉讼，还是民事诉讼。传统的拆迁法律关系中，最高人民法院通过司法解释，对达成拆迁补偿协议后一方反悔引发的诉讼，明确规定属于民事诉讼。有观点认为，民事诉讼能够解决被征收人不履行协议，行政机关以原告身份提起民事诉讼，请求人民法院依法判决其履行补偿协议规定的搬迁义务的问题。而行政诉讼因行政机关不能做原告，被征收人不履行补偿协议约定的搬迁义务，行政机关将无所适从。我们认为，这种观点是值得商榷的。第一，不履行协议约定的搬迁义务可以通过非诉行政执行方式解决。补偿协议约定的搬迁义务实质上也是《条例》规定的义务。行政合同一方面体现合同双方意思表示一致的特性，另一方面在法定义务内容上又体现出不可协商的行政的单方意志性，具有行政行为的特征。被征收人不履行补偿协议约定的搬迁义务时，房屋征收部门可以以被征收人对行政行为确定的义务不履行又不诉讼为由，申请人民法院强制执行搬迁义务，从而解决行政机关对被征收人不履行搬迁义务法律上解决问题途径的担忧。第二，最高人民法院对拆迁安置协议纠纷的定性已经不符合征收补偿协议纠纷的特征。征收补偿协议与拆迁补偿协议有天壤之别，征收补偿协议是行政机关为了公共利益需要与被征收人签订的，以国家财政为保障的协议，而拆迁补偿协议则是拆迁人与被拆迁人两个平等的民事主体之间的协议，不体现国家意志。因此，再以既往的有关拆迁补偿协议司法解释规定套用于征收补偿协议，已经不符合征收补偿协议的主要法律特征。第三，将征收补偿协议纠纷作为行政诉讼案件更有利于纠纷的一揽子解决。就房屋征收补偿的全过程来看，征收决定、补偿决定、申请人民法院强制执行，均为行政争议性质，如果仅仅因为采取了民主协商的方式签订补偿协议就变成了民事纠纷，则当事人对征收决定和补偿协议均不服提起诉讼，一个行政诉讼，一个民事诉讼，不利于一揽子解决纠纷。因此，我们更倾向于将补偿协议作为行政合同，将补偿协议纠纷作为行政案件审理。

第二十六条　【补偿决定】房屋征收部门与被征收人在征收补偿方案确定的签约期限内达不成补偿协议，或者被征收房屋所有权人不明确的，由房屋征收部门报请作出房屋征收决定的市、县级人民政府依照本条例的规定，按照征收补偿方案作出补偿决定，并在房屋征收范围内予以公告。

补偿决定应当公平，包括本条例第二十五条第一款规定的有关补偿协议的事项。

被征收人对补偿决定不服的，可以依法申请行政复议，也可以依法提起行政诉讼。

补偿决定 ➡ 本条规定了对于在征收补偿方案确定的签约期限内达不成补偿协议的，或者被征收房屋所有权人不明确的情形，房屋征收部门报请作出征收决定的市、县级人民政府，市、县级人民政府依据本条例按照征收补偿方案作出补偿决定，并在房屋征收范围内公告。

市、县级人民政府作出补偿决定的情形有两种：

（1）在征收补偿方案确定的签约期限内达不成补偿协议。房屋征收中，当事人可能由于对补偿方式和补偿金额、安置用房面积和安置地点、搬迁期限、搬迁过渡方式和过渡期限等事项持有不同看法，从而导致补偿协议一时无法达成。为避免房屋征收当事人各执己见、相互扯皮，久拖不决，本条规定在征收补偿方案确定的签约期限内达不成补偿协议，由房屋征收部门报请作出房屋征收决定的市、县级人民政府作出补偿决定。房屋征收部门报请作出补偿决定的时间，应当是在征收补偿方案确定的签约期限之后。在征收补偿方案确定的签约期限内达不成协议，还有一层潜在的含义，就是政府认为有关补偿方式与金额、安置用房面积和地区、搬迁期限、搬迁过渡方式与过渡期限等事项合乎法律规定，有关当事人的合法权益得到了补偿，超过签约期限仍不签订协议，这时才可以作出补偿决定。

（2）房屋所有权人不明确。被征收房屋所有权人不明确是指无产权关系证明、产权人下落不明、暂时无法考证产权的合法所有人或因产权关系正在诉讼等情形。由于房屋所有权人不明确，补偿的对象也就不确定，往往难以进行补偿。在此情况下，不能因此就降低或不对此类房屋进行补偿，又不能因此久拖不决影响整个征收补偿工作。

33. 补偿决定一般应当包括哪些内容？

（1）征收人与被征收人的基本情况及被征收房屋具体位置；（2）争

议的主要事实和理由；（3）补偿决定的内容：补偿方式、补偿金额及支付期限、用于产权调换房屋的地点和面积、搬迁费、临时安置费或周转用房、停业停产损失、搬迁期限、过渡方式和过渡期限等；（4）补偿决定的依据、理由；（5）告知被征收人行政复议、行政诉讼的权利及申请行政复议、行政诉讼的期限；（6）作出补偿决定的市、县级人民政府的名称、作出补偿决定日期并加盖公章。

34. 被征收人对补偿决定不服的，如何依法申请行政复议或提起行政诉讼？

根据《行政复议法》和《行政诉讼法》的规定，被征收人对市、县级人民政府作出的补偿决定不服的，可以依法在知道作出该具体行政行为之日起 60 日内，向作出补偿决定的市、县人民政府的上一级人民政府申请行政复议；被征收人对市、县级人民政府作出的补偿决定不服的，可以依法在知道作出行政行为之日起 3 个月内向人民法院提起行政诉讼，或者依法提起行政复议后对复议决定不服的，可以自收到复议决定书之日起 15 日内向人民法院提起行政诉讼。

35. 作出补偿决定需要进行哪些程序？

市、县级人民政府作出的补偿决定应当公平。根据《条例》之规定，作出房屋征收补偿决定，需按照如下程序进行：（1）市、县人民政府作出征收补偿决定，并公布征收补偿方案；（2）存在两类情形：即房屋征收部门与被征收人在征收补偿方案确定的签约期限内达不成补偿协议，或者被征收房屋所有权人不明确的；（3）房屋征收部门向作出房屋征收决定的市、县人民政府提出请求；（4）市、县人民政府审查房屋征收部门之请求是否符合作出补偿决定的条件；（5）市、县人民政府按照征收补偿方案作出补偿决定；（6）房屋征收部门将补偿决定在房屋征收范围内予以公告。上述程序，基本能够确保房屋补偿决定的公正、合法。房屋补偿决定的作出必须依照上述程序。

19. 在征收拆迁案件当中，人民法院如何审查房屋评估报告？[①]

2015 年 4 月 8 日，吉林省永吉县人民政府（以下简称永吉县政府）作出房屋征收决定，决定对相关的棚户区实施改造，同日发布永政告字（2015）1 号《房屋征收公告》并张贴于拆迁范围内的公告栏。永吉县龙某物资经销处（以下简称经销处）所在地段处于征收范围。2015 年 4 月 27 日至 29 日，永吉县房屋征收经办中心作出选定评估机构的实施方案，并于 4 月 30 日召开选定大会，确定改造项目的评估机构。2015 年 9 月 15 日，永吉县政府依据评估结果作出永政房征补（2015）3 号房屋征收补偿决定。经销处认为，该征收补偿决定存在认定事实不清、程序违法，评估机构的选定程序和适用依据不合法，评估价格明显低于市场价格等诸多问题，故以永吉县政府为被告诉至法院，请求判决撤销上述房屋征收补偿决定。

吉林市中级人民法院一审认为，被诉房屋征收补偿决定依据的评估报告从形式要件看，分别存在没有评估师签字，未附带设备、资产明细或者说明，未标注或者释明被征收人申请复核评估的权利等不符合法定要求的形式问题；从实体内容看，在对被征收的附属物评估和资产、设备评估上均存在评估漏项的问题。上述评估报告明显缺乏客观性、公正性，不能作为被诉房屋征收补偿决定的合法依据。遂判决撤销被诉房屋征收补偿决定，责令永吉县政府 60 日内重新作出行政行为。永吉县政府不服提起上诉，吉林省高级人民法院二审以与一审相同的理由判决驳回上诉、维持原判。

在征收拆迁案件当中，评估报告作为确定征收补偿价值的核心证据，人民法院能否依法对其进行有效审查，已经在很大程度上决定着案件能否得到实质解决，被拆迁人的合法权益能否得到充分保障。本案

[①] 参见《人民法院征收拆迁典型案例（第二批）》（2018 年 5 月 15 日发布），吉林省永吉县龙某物资经销处诉吉林省永吉县人民政府征收补偿案，载最高人民法院网 https://www.court.gov.cn/zixun-xiangqing-95912.html，最后访问日期：2023 年 5 月 8 日。

中，人民法院对评估报告的审查是严格的、到位的，因而效果也是好的。在认定涉案评估报告存在遗漏评估设备、没有评估师的签字盖章、未附带资产设备的明细说明、未告知申请复核的评估权利等系列问题之后，对这些问题的性质作出评估，得出了两个结论。一是评估报告不具备合法的证据形式，不能如实地反映被征收人的财产情况。二是据此认定评估报告缺乏客观公正性、不具备合法效力。在上述论理基础上撤销了被诉房屋征收补偿决定并判令行政机关限期重作。本案对评估报告所进行的适度审查，可以作为此类案件的一种标杆。

第二十七条　【先补偿后搬迁】 实施房屋征收应当先补偿、后搬迁。

作出房屋征收决定的市、县级人民政府对被征收人给予补偿后，被征收人应当在补偿协议约定或者补偿决定确定的搬迁期限内完成搬迁。

任何单位和个人不得采取暴力、威胁或者违反规定中断供水、供热、供气、供电和道路通行等非法方式迫使被征收人搬迁。禁止建设单位参与搬迁活动。

条文解读

先补偿后搬迁 ➡ 本条规定了市、县级人民政府先对被征收人给予补偿，然后被征收人再搬迁这一原则，而被征收人应当在征收人依法予以补偿后，于补偿协议约定或者补偿决定确定的搬迁期限内完成搬迁。

先补偿、后搬迁包含两种情况：一是房屋征收当事人就房屋征收补偿达成一致，签订协议，双方已按协议履行了相关的给付义务；二是征收当事人未达成补偿协议，市、县级人民政府已经依法作出补偿决定，货币补偿已经专户存储、产权调换房屋和周转用房的地点和面积已经明确。符合这两种情况都属于先行予以补偿。补偿方式不同，具体情况也会有所不同。如实行货币补偿的，货币补偿已经专户存储、被征收人可以随时支取即可视为对被征收人进行了补偿；实行现房产权调换的，征收人可以确定安置房源，待被征收人搬迁完毕后再实际办理交付手续；实行期房产权调换的，征收人则可以在协议确定安置房源后要求被征收人搬迁，待安置房竣工后再按约定交付房屋。

暴力等非法行为的禁止。这里需要强调的是禁止的只是违反规定中断供水、供热、供气、供电和道路通行等非法行为。市、县级人民政府规范管理征收搬迁时，既要严格遵守国家有关规定，又要从采取措施的目的、是否符合程序、安全需要以及是否对未搬迁住户产生实际影响等方面出发去具体考量。至于本条规定的暴力、威胁方式，不论何种目的和具体行为方式，都属于非法行为，为法规所禁止，并坚决予以严厉打击。

实务应用

36. 被征收人的限期搬迁义务包括哪几方面的内容？

被征收人的限期搬迁义务包括以下几方面的内容：（1）被征收人履行搬迁义务的前提是征收人已经给予补偿。"给予补偿"是一种先合同义务，在征收人履行这种义务之前，被征收人可以拒绝履行搬迁义务。当然，"给予补偿"并不一定指被征收人已经实际获得了所有补偿条件，其也包括房屋征收部门与被征收人在补偿问题上达成一致意见，并提供了先期补偿。如被征收人选择货币补偿的，补偿款的支付方式有可能是分期支付；被征收人选择产权调换的，可能作出房屋征收决定之时，征收人并没有现存的可予调换的房屋，而被征收人需要暂时自己解决居住问题。在此种情况下，"给予补偿"并非要求被征收人实际上已经住进产权调换房屋，而只需房屋征收部门与被征收人就产权调换及相关过渡事宜达成一致意见，并接受征收人的先期补偿条件（如接受临时安置费或领取周转住房钥匙）。（2）被征收人应当在搬迁期限内完成搬迁义务。"搬迁期限"可能来自两个方面：一是房屋征收部门与被征收人签订的房屋征收补偿协议；二是作出征收决定的市、县人民政府依照法定程序作出的房屋补偿决定。

《条例》第 27 条还明确了禁止任何单位和个人用停水、停热、停电、停气和阻断道路通行等非法行为逼迫被征收人搬迁。为了保证征收行为的正当性，要求征收只能由市、县级人民政府及其房屋征收部门来完成，即便是征收后公共利益项目的建设单位也不允许参与搬迁活动，否则一是会破坏征收的政府公权特征，二是难免会从自身利益角度出发出现损害被征收人合法权益的行为。

案例指引

20. 涉案房屋未由征收部门进行补偿就予以强行拆除是否合法？[①]

2010 年，吉林省人民政府作出批复，同意对向阳村集体土地实施征收，王某超等 3 人所有的房屋被列入征收范围。后王某超等 3 人与征收部门就房屋补偿安置问题未达成一致意见，2013 年 11 月 19 日，长春市国土资源管理局作出责令交出土地决定。2015 年 4 月 7 日，经当地街道办事处报告，吉林省建筑工程质量检测中心作出鉴定，认定涉案房屋属于"D 级危险"房屋。同年 4 月 23 日，长春市九台区住房和城乡建设局（以下简称九台区住建局）对涉案房屋作出紧急避险决定。在催告、限期拆除未果的情况下，九台区住建局于 2015 年 4 月 28 日对涉案房屋实施了强制拆除行为。王某超等 3 人对上述紧急避险决定不服，提起行政诉讼，请求法院判决确认该紧急避险决定无效、责令被告在原地重建房屋等。

长春市九台区人民法院一审认为，本案紧急避险决定所涉的房屋建筑位于农用地专用项目的房屋征收范围内，应按照征收补偿程序进行征收。九台区住建局作出紧急避险决定，对涉案房屋予以拆除的行为违反法定程序，属于程序违法。一审判决撤销被诉的紧急避险决定，但同时驳回王某超等 3 人要求原地重建的诉讼请求。王某超等人不服，提起上诉。长春市中级人民法院二审认为，涉案房屋应当由征收部门进行补偿

①　参见《人民法院征收拆迁典型案例（第二批）》（2018 年 5 月 15 日发布），王某超等 3 人诉吉林省长春市九台区住房和城乡建设局紧急避险决定案，载最高人民法院网 https://www.court.gov.cn/zixun-xiangqing-95912.html，最后访问日期：2023 年 5 月 8 日。

后，按照征收程序予以拆除。根据《城市危险房屋管理规定》相关要求，提出危房鉴定的申请主体应当是房屋所有人和使用人，而本案系当地街道办事处申请，主体不适格；九台区住建局将紧急避险决定直接贴于无人居住的房屋外墙，送达方式违法；该局在征收部门未予补偿的情况下，对涉案房屋作出被诉的紧急避险决定，不符合正当程序，应予撤销。但王某超等3人要求对其被拆除的房屋原地重建的主张，不符合该区域的整体规划。二审法院遂判决驳回上诉、维持原判。

在行政执法活动尤其是不动产征收当中，程序违法是一种常见多发的违法形态。本案中，被告为了节省工期，对于已经启动征地程序的房屋，错误地采取危房鉴定和强制拆除的做法，刻意规避补偿程序，构成程序滥用，严重侵犯当事人合法权益。对于此种借紧急避险为由行违法强拆之实的情形，人民法院依法判决撤销被诉行为，彰显了行政诉讼保护公民产权的制度功能。

此案的典型意义在于昭示了行政程序的价值，它不仅是规范行政权合法行使的重要方式，也是维护相对人合法权益的保障机制。在土地征收当中，行政机关只有遵循行政程序，才能做到"严格、规范、公正、文明"执法，才能体现以人为本，尊重群众主体地位，才能实现和谐拆迁，才能符合新时代中国特色社会主义法治精神的要求。

21. 征收部门在未征得当事人同意的情况下就将其房屋拆除的行为是否违法？①

陆某尧在取得江苏省泰兴市泰兴镇（现济川街道）南郊村张堡二组138平方米的集体土地使用权并领取相关权证后，除了在该地块上出资建房外，还在房屋北侧未领取权证的空地上栽种树木，建设附着物。2015年12月9日上午，陆某尧后院内的树木被人铲除，道路、墩柱及

---

① 参见《人民法院征收拆迁典型案例（第二批）》（2018年5月15日发布），陆某尧诉江苏省泰兴市人民政府济川街道办事处强制拆除案，载最高人民法院网 https://www.court.gov.cn/zixun-xiangqing-95912.html，最后访问日期：2023年5月8日。

围栏被人破坏，拆除物被运离现场。当时有济川街道办事处（以下简称街道办）的工作人员在场。此外，作为陆某尧持有权证地块上房屋的动迁主体，街道办曾多次与其商谈房屋的动迁情况，其间也涉及房屋后院的搬迁事宜。陆某尧认为，在无任何法律文书为依据、未征得其同意的情况下，街道办将后院拆除搬离的行为违法，故以街道办为被告诉至法院，请求判决确认拆除后院的行为违法，并恢复原状。

泰州医药高新技术产业开发区人民法院一审认为，涉案附着物被拆除时，街道办有工作人员在场，尽管其辩称系因受托征收项目在附近，并未实际参与拆除活动，但未提交任何证据予以证明。经查，陆某尧房屋及地上附着物位于街道办的行政辖区内，街道办在强拆当天日间对有主的地上附着物采取了有组织的拆除运离，且街道办亦实际经历了该次拆除活动。作为陆某尧所建房屋的动迁主体，街道办具有推进动迁工作，拆除非属动迁范围之涉案附着物的动因，故从常理来看，街道办称系单纯目击而非参与的理由难以成立。据此，在未有其他主体宣告实施拆除或承担责任的情况下，可以推定街道办系该次拆除行为的实施主体。一审法院遂认定街道办为被告，确认其拆除陆某尧房屋北侧地上附着物的行为违法。一审判决后，原、被告双方均未提起上诉。

不动产征收当中最容易出现的问题是，片面追求行政效率而牺牲正当程序，甚至不作书面决定就直接强拆房屋的事实行为也时有发生。强制拆除房屋以事实行为面目出现，往往会给相对人寻求救济造成困难。按照行政诉讼法的规定，起诉人证明被诉行为系行政机关而为是起诉条件之一，但是由于行政机关在强制拆除之前并未制作、送达任何书面法律文书，相对人要想获得行为主体的相关信息和证据往往很难。如何在起诉阶段证明被告为谁，有时成为制约公民、法人或者其他组织行使诉权的主要因素，寻求救济就会陷入僵局。如何破局，如何做到既合乎法律规定，又充分保护诉权，让人民群众感受到公平正义，就是人民法院必须回答的问题。本案中，人民法院注意到强拆行为系动迁的多个执法阶段之一，通过对动迁全过程和有关规定的分析，得出被告街道办具有推进动迁和强拆房屋的动因，为行为主体的推定奠定了事理和情理的基础，为案件处理创造了情理法结合的条件。此案有两点启示意义：一是在行政执法不规范造成相对人举证困难的情况下，人民法院不宜简单以原告举证不力为由拒之门外，在此类案件中要格外关注诉权保护。二是事实行为是否系行政机关所为，人民法院应当从基础事实出发，结合责任政府、诚信政府等法律理念和生活逻辑作出合理判断。

第二十八条　【依法申请法院强制执行】 被征收人在法定期限内不申请行政复议或者不提起行政诉讼，在补偿决定规定的期限内又不搬迁的，由作出房屋征收决定的市、县级人民政府依法申请人民法院强制执行。

强制执行申请书应当附具补偿金额和专户存储账号、产权调换房屋和周转用房的地点和面积等材料。

条文解读

对补偿决定强制执行 ➡ 本条是关于补偿决定强制执行的规定。与原《城市房屋拆迁管理条例》相比较而言，《条例》取消了行政机关自行强制拆迁的规定，限定了政府申请法院强制执行的前提条件。关于本条第1款规定的强制执行措施，还有以下含义：强制执行以补偿决定为前提；对申请法院强制执行的条件予以严格规定；申请法院强制执行的主体是作出房屋征收决定的市、县级人民政府。本条第2款规定了向人民法院提交的强制执行申请书必须附具补偿金额和专户存储账号、产权调换房屋和周转用房的地点和面积等材料。

实务应用

37. 申请人民法院强制执行的法定程序有哪些？

申请机关向人民法院申请强制执行，除提供《条例》第 28 条规定的强制执行申请书及附具材料外，还应当提供下列材料：（1）征收补偿决定及相关证据和所依据的规范性文件；（2）征收补偿决定送达凭证、催告情况及房屋被征收人、直接利害关系人的意见；（3）社会稳定风险评估材料；（4）申请强制执行的房屋状况；（5）被执行人的姓名或者名称、住址及与强制执行相关的财产状况等具体情况；（6）法律、行政法规规定应当提交的其他材料。

强制执行申请书应当由申请机关负责人签名，加盖申请机关印章，并注明日期。强制执行的申请应当自被执行人的法定起诉期限届满之日起 3 个月内提出；逾期申请的，除有正当理由外，人民法院不予受理。

人民法院认为强制执行的申请符合形式要件且材料齐全的，应当在接到申请后 5 日内立案受理，并通知申请机关；不符合形式要件或者材料不全的应当限期补正，并在最终补正的材料提供后 5 日内立案受理；不符合形式要件或者逾期无正当理由不补正材料的，裁定不予受理。申请机关对不予受理的裁定有异议的，可以自收到裁定之日起 15 日内向上一级人民法院申请复议，上一级人民法院应当自收到复议申请之日起 15 日内作出裁定。

人民法院应当自立案之日起 30 日内作出是否准予执行的裁定；有特殊情况需要延长审查期限的，由高级人民法院批准。申请机关对不准予执行的裁定有异议的，可以自收到裁定之日起 15 日内向上一级人民法院申请复议，上一级人民法院应当自收到复议申请之日起 30 日内作出裁定。人民法院裁定准予执行的，应当在 5 日内将裁定送达申请机关和被执行人，并可以根据实际情况建议申请机关依法采取必要措施，保障征收与补偿活动顺利实施。人民法院裁定准予执行的，一般由作出征收补偿决定的市、县级人民政府组织实施，也可以由人民法院执行。

38. 在什么情况下，法院应当裁定不予执行征收补偿决定？

征收补偿决定存在下列情形之一的，人民法院应当裁定不准予执行：（1）明显缺乏事实根据；（2）明显缺乏法律、法规依据；（3）明显不符合公平补偿原则，严重损害被执行人合法权益，或者使被执行人基本生活、生产经营条件没有保障；（4）明显违反行政目的，严重损害公共利益；（5）严重违反法定程序或者正当程序；（6）超越职权；（7）法律、法规、规章等规定的其他不宜强制执行的情形。人民法院裁定不准予执行的，应当说明理由，并在5日内将裁定送达申请机关。

39. 法院强制执行搬迁的条件是什么？

（1）强制执行以补偿决定为前提。在实际操作中，被征收人不搬迁主要存在两种情况：第一，达成了补偿协议，又反悔不搬迁的；第二，作出补偿决定，在决定规定的搬迁期限内未搬迁的。第一种情况，可以由房屋征收部门按照违约之诉向法院提起诉讼并申请执行。第二种情况，则可以根据本条的规定申请法院强制执行。

（2）对申请法院强制执行的条件予以了严格规定。规定强制执行申请必须以被征收人在法定期间内不申请行政复议或者不提起行政诉讼，又不在补偿决定规定的期限内搬迁为前提。补偿决定属于行政行为，一经作出，即具有拘束力和执行力。被征收人对补偿决定不服的，可以依法申请行政复议，也可以依法向人民法院提起行政诉讼。《行政强制法》第53条规定："当事人在法定期限内不申请行政复议或者提起行政诉讼，又不履行行政决定的，没有行政强制执行权的行政机关可以自期限届满之日起三个月内，依照本章规定申请人民法院强制执行。"

（3）申请法院强制执行的主体是作出房屋征收决定的市、县级人民政府。由于征收决定的主体、征收补偿的主体以及补偿决定的主体都是市、县级人民政府，是一系列行政行为的主体，依据《行政诉讼法》第97条规定，当被征收人在法定期限内不提起诉讼又不履行行政行为的，只能由作出行政行为的行政机关申请人民法院强制执行。因此申请法院强制执行的主体是作出征收决定的市、县级人民政府。申请的法院根据《行政诉讼法》的规定，一般为不动产所在地的基层人民法院。

关联参见

《行政强制法》第53条；《行政诉讼法》第97条

第二十九条 **【征收补偿档案与审计监督】**房屋征收部门应当依法建立房屋征收补偿档案，并将分户补偿情况在房屋征收范围内向被征收人公布。

审计机关应当加强对征收补偿费用管理和使用情况的监督，并公布审计结果。

条文解读

征收补偿档案 ➡ 本条是关于建立房屋征收补偿档案并将分户补偿情况公开，对补偿费用管理与使用情况进行审计监督的规定。本条第1款是征收部门主动公开，接受监督。第2款则是通过审计部门专门设计征收补偿费用的使用情况进行监督，这是公开透明的机制保障。征收补偿费用的管理和使用应由政府审计部门进行审计监督。

实务应用

40. **房屋征收补偿档案包括哪些资料？**

房屋征收补偿档案资料包括：征收决定发布前的相关会议纪要；征收决定发布所依据的相关规划、立项资料；征收决定发布前的群众听证和征求意见等资料；征收补偿方案；征收决定及公告；委托征收实施单位的合同；委托价格评估机构的合同；整体评估报告和分户评估报告；通知有关部门停止办理相关手续的书面通知；分户补偿资料；补偿协议；达不成补偿协议的，由市、县级人民政府作出的补偿决定及有关资料；申请人民法院强制执行的材料；监察、审计部门对征收工作进行监督检查、审计的材料；其他与征收有关的档案资料。

41. 审计机关在房屋征收补偿工作中主要发挥哪些作用？

依据《条例》第 29 条第 2 款的规定，审计机关应当加强对征收补偿费用管理和使用情况的监督，并公布审计结果。

依据《审计法》相关规定，国家实行审计监督制度。国务院和县级以上地方人民政府设立审计机关。国务院各部门和地方各级人民政府及其各部门的财政收支，国有的金融机构和企业事业组织的财务收支，以及其他依照该法规定应当接受审计的财政收支、财务收支，依照该法规定接受审计监督。审计机关对前款所列财政收支或者财务收支的真实、合法和效益，依法进行审计监督。

审计机关有权要求被审计单位按照审计机关的规定提供预算或者财务收支计划、预算执行情况、决算、财务会计报告，运用电子计算机储存、处理的财政收支、财务收支电子数据和必要的电子计算机技术文档，在金融机构开立账户的情况，社会审计机构出具的审计报告，以及其他与财政收支或者财务收支有关的资料，被审计单位不得拒绝、拖延、谎报。被审计单位负责人对本单位提供的财务会计资料的真实性和完整性负责。

审计机关进行审计时，有权检查被审计单位的会计凭证、会计账簿、财务会计报告和运用电子计算机管理财政收支、财务收支电子数据的系统，以及其他与财政收支、财务收支有关的资料和资产，被审计单位不得拒绝。审计机关进行审计时，有权就审计事项的有关问题向有关单位和个人进行调查，并取得有关证明材料。有关单位和个人应当支持、协助审计机关工作，如实向审计机关反映情况，提供有关证明材料。审计机关经县级以上人民政府审计机关负责人批准，有权查询被审计单位在金融机构的账户。审计机关有证据证明被审计单位以个人名义存储公款的，经县级以上人民政府审计机关主要负责人批准，有权查询被审计单位以个人名义在金融机构的存款。

审计机关进行审计时，被审计单位不得转移、隐匿、篡改、毁弃会计凭证、会计账簿、财务会计报告以及其他与财政收支或者财务收支有关的资料，不得转移、隐匿所持有的违反国家规定取得的资产。审计机关对被审计单位违反前款规定的行为，有权予以制止；必要时，经县级以上人民政府审计机关负责人批准，有权封存有关资料和违反国家规定取得的资产；对其中在金融机构的有关存款需要予以冻结的，应当向人民法院提出申请。审计机关对被审计单位正在进行的违反国家规定的财政收支、财务收支行为，有权予以制止；制止无效的，经县级以上人民政府审计机关负责人批准，通知财政部门和有关主管部门暂停拨付与违反国家规定的财政收支、财务收支行为直接有关的款项，已经拨付的，暂停使用。审计机关采取前两款规定的措施不得影响被审计单位合法的业务活动和生产经营活动。

审计机关认为被审计单位所执行的上级主管部门有关财政收支、财务收支的规定与法律、行政法规相抵触的，应当建议有关主管部门纠正；有关主管部门不予纠正的，审计机关应当提请有权处理的机关依法处理。

审计机关可以向政府有关部门通报或者向社会公布审计结果。审计机关通报或者公布审计结果，应当依法保守国家秘密和被审计单位的商业秘密，遵守国务院的有关规定。

第四章　法律责任

第三十条　【玩忽职守等行为的法律责任】市、县级人民政府及房屋征收部门的工作人员在房屋征收与补偿工作中不履行本条例规定的职责，或者滥用职权、玩忽职守、徇私舞弊的，由上级人民政府或者本级人民政府责令改正，通报批评；造成损失的，依法承担赔偿责任；对直接负责的主管人员和其他直接责任人员，依法给予处分；构成犯罪的，依法追究刑事责任。

42. "不履行本条例规定的职责"包括哪些情形?

"不履行本条例规定的职责"主要包括:违反《条例》关于举报制度的规定,对举报的违法行为未依法及时核实、处理;违反《条例》关于公共利益界定的规定,列入公共利益范围的建设活动不符合有关规定;违反《条例》关于征收程序的规定,作出房屋征收决定未履行有关程序;违反《条例》关于房屋调查登记的规定,未对房屋征收范围内房屋的有关情况组织调查登记或者未将调查结果予以公布;违反《条例》关于补偿的规定,损害了被征收人的合法利益;违反《条例》关于对未经登记的建筑先行调查、认定和处理的规定,作出房屋征收决定前,未组织有关部门依法对征收范围内未经登记的建筑进行调查、认定和处理;等等。

43. 有关工作人员有本条违法行为的具体承担哪些法律责任?

(1)市、县级人民政府及房屋征收部门的工作人员不履行本条例规定的职责,或者滥用职权、玩忽职守、徇私舞弊的,上级人民政府或者本级人民政府应当责令其改正,给予通报批评;

(2)造成损失的,应当依照有关规定,由市、县级人民政府或者房屋征收部门承担行政赔偿责任;对直接负责的主管人员和其他直接责任人员,应当依照《公务员法》《行政机关公务员处分条例》等法律、行政法规的有关规定给予行政处分;

(3)对构成犯罪的,应当依法追究有关工作人员的刑事责任,即依照《刑法》第397条的规定,对国家机关工作人员滥用职权或者玩忽职守,致使公共财产、国家和人民利益遭受重大损失的,处3年以下有期徒刑或者拘役;情节特别严重的,处3年以上7年以下有期徒刑;对国家机关工作人员徇私舞弊,犯滥用职权或者玩忽职守罪的,处5年以下有期徒刑或者拘役;情节特别严重的,处5年以上10年以下有期徒刑。

第三十一条　【暴力等非法方式致搬迁的法律责任】 采取暴力、威胁或者违反规定中断供水、供热、供气、供电和道路通行等非法方式迫使被征收人搬迁，造成损失的，依法承担赔偿责任；对直接负责的主管人员和其他直接责任人员，构成犯罪的，依法追究刑事责任；尚不构成犯罪的，依法给予处分；构成违反治安管理行为的，依法给予治安管理处罚。

条文解读

非法拆迁 ➡ 本条是关于采取暴力、威胁或者违反规定中断供水、供热、供气、供电和道路通行等非法方式迫使被征收人搬迁的法律责任的规定。本条对部分禁止性行为进行了列举，但是并不局限于所列举的这些行为，如果实施征收搬迁工作的单位或者个人采用其他非法方式强迫被征收人搬迁的，也同样应当给予相应的处罚。

实务应用

44. 如何理解本条规定的赔偿责任？

《条例》第 31 条规定的赔偿责任既包括行政赔偿，也包括民事赔偿。

（1）行政赔偿。《国家赔偿法》第 7 条规定："行政机关及其工作人员行使行政职权侵犯公民、法人和其他组织的合法权益造成损害的，该行政机关为赔偿义务机关。两个以上行政机关共同行使行政职权时侵犯公民、法人和其他组织的合法权益造成损害的，共同行使行政职权的行政机关为共同赔偿义务机关。法律、法规授权的组织在行使授予的行政权力时侵犯公民、法人和其他组织的合法权益造成损害的，被授权的组织为赔偿义务机关。受行政机关委托的组织或者个人在行使受委托的行政权力时侵犯公民、法人和其他组织的合法权益造成损害的，委托的行政机关为赔偿义务机关。赔偿义务机关被撤销的，继续行使其职权的行政机关为赔偿义务机关；没有继续行使其职权的行政机关的，撤销该赔偿义务机关的行政机关为赔偿义务机关。"

（2）民事赔偿。《国家赔偿法》第5条规定："属于下列情形之一的，国家不承担赔偿责任：（一）行政机关工作人员与行使职权无关的个人行为；（二）因公民、法人和其他组织自己的行为致使损害发生的；（三）法律规定的其他情形。"因此，如果违反本条规定，造成损失的不是行政机关及其工作人员，也不是行政机关委托的组织或者个人，或者是工作人员与行使职权无关的个人行为致使损害发生的，则不属于行政赔偿的范畴，应当由其承担民事赔偿责任，依照有关民事法律的规定处理。

45. 如何理解"构成违反治安管理行为的，依法给予治安管理处罚"？

此处的"依法"是指根据《治安管理处罚法》的规定进行处罚。《治安管理处罚法》第2条："扰乱公共秩序，妨害公共安全，侵犯人身权利、财产权利，妨害社会管理，具有社会危害性，依照《中华人民共和国刑法》的规定构成犯罪的，依法追究刑事责任；尚不够刑事处罚的，由公安机关依照本法给予治安管理处罚。"因此，对于违反治安管理行为，尚不构成犯罪的，应当由公安机关依照《治安管理处罚法》的规定予以处罚。

第三十二条　【非法阻碍征收与补偿工作的法律责任】 采取暴力、威胁等方法阻碍依法进行的房屋征收与补偿工作，构成犯罪的，依法追究刑事责任；构成违反治安管理行为的，依法给予治安管理处罚。

条文解读

非法阻碍 ➡ 本条规定了若采取暴力、威胁等方法阻碍国家机关工作人员依法进行房屋征收和补偿工作，构成犯罪的，应当依照《刑法》的规定予以处罚；若被征收人或者其他有关人员的违法行为尚不构成犯罪，而是违反了治安管理行为的，应当依据《治安管理处罚法》的规定给予治安管理处罚。尽管对被征收人或者其他有关人员采取暴力、威胁等方法阻碍依法进行的房屋征收与补偿工作的行为应当予以处罚，但仍然应当依照《条例》的规定支付房屋征收补偿费用、提供用于产权调换的房屋和周转用房等，不能因此不支付、少支付或者拖延支付对被征收人的征收补偿。

此处的暴力是指对国家机关工作人员的身体实行打击或者强制，如殴打、伤害等；威胁是指以杀害、伤害、毁坏财产等相威胁。如果被征收人或者其他有关人员没有实施暴力、威胁的阻碍行为，只是吵闹、谩骂、不服管理等，不构成犯罪。国家机关人员，是指中央及地方各级权力机关、党政机关、司法机关和军事机关的工作人员。

第三十三条　【贪污、挪用等行为的法律责任】贪污、挪用、私分、截留、拖欠征收补偿费用的，责令改正，追回有关款项，限期退还违法所得，对有关责任单位通报批评、给予警告；造成损失的，依法承担赔偿责任；对直接负责的主管人员和其他直接责任人员，构成犯罪的，依法追究刑事责任；尚不构成犯罪的，依法给予处分。

实务应用

46. 贪污、挪用、私分、截留、拖欠征收补偿费用的应当承担哪些法律责任？

市、县级人民政府和房屋征收部门或者其他有关部门及其工作人员，房屋征收部门委托的房屋征收实施单位及其工作人员存在贪污、挪用、私分、截留、拖欠征收补偿费用情况的，首先应当采取措施纠正其错误行为，尽量避免造成损失，责令其改正，追回有关款项，限期退还违法所得，并且还应当对有关责任单位予以通报批评、给予警告；若造成了实际的损失，应当予以补偿；如果直接负责的主管人员和其他直接责任人员违反本条规定，构成犯罪的，应当依照《刑法》的相关规定予以处罚；尚不构成犯罪的，依法给予处分。

47. 贪污、挪用、私分、截留、拖欠征收补偿费用造成实际损失的，赔偿依据和赔偿义务机关是什么？

根据《国家赔偿法》的规定，行政机关及其工作人员在行使行政职权时侵犯人身权、财产权应当予以赔偿的，属于行政赔偿，应当依照《国家赔偿法》承担行政赔偿的责任。

《国家赔偿法》第7条规定："行政机关及其工作人员行使行政职权侵犯公民、法人和其他组织的合法权益造成损害的，该行政机关为赔偿义务机关。两个以上行政机关共同行使行政职权时侵犯公民、法人和其他组织的合法权益造成损害的，共同行使行政职权的行政机关为共同赔偿义务机关。法律、法规授权的组织在行使授予的行政权力时侵犯公民、法人和其他组织的合法权益造成损害的，被授权的组织为赔偿义务机关。受行政机关委托的组织或者个人在行使受委托的行政权力时侵犯公民、法人和其他组织的合法权益造成损害的，委托的行政机关为赔偿义务机关。赔偿义务机关被撤销的，继续行使其职权的行政机关为赔偿义务机关；没有继续行使其职权的行政机关的，撤销该赔偿义务机关的行政机关为赔偿义务机关。"如果是行政机关及其工作人员违反本条规定，造成损失的，该行政机关为赔偿义务机关。房屋征收部门委托的房屋征收实施单位及其工作人员，在承担房屋征收与补偿具体工作时违反本条规定，造成损失的，房屋征收部门为赔偿义务机关。

第三十四条　【违法评估的法律责任】房地产价格评估机构或者房地产估价师出具虚假或者有重大差错的评估报告的，由发证机关责令限期改正，给予警告，对房地产价格评估机构并处5万元以上20万元以下罚款，对房地产估价师并处1万元以上3万元以下罚款，并记入信用档案；情节严重的，吊销资质证书、注册证书；造成损失的，依法承担赔偿责任；构成犯罪的，依法追究刑事责任。

违法评估 ➤ 本条是关于房地产价格评估机构或者房地产估价师出具虚假或者有重大差错的评估报告的法律责任的规定。本条区分单位和个人这两类主体分别设定了不同的罚款额度，这主要是出于不同主体经济实力不同的考虑。对房地产价格评估机构并处 5 万元以上 20 万元以下罚款，对房地产估价师并处 1 万元以上 3 万元以下罚款，应当根据违法行为情节轻重，在法定的幅度内给予罚款。

房地产价格评估机构或者房地产估价师违法评估应当承担的法律责任主要有：（1）行政责任。本条设定了三类行政处罚，即警告、罚款和吊销资质证书、注册证书；（2）民事赔偿责任。违反本条规定造成了实际损失的，房地产价格评估机构或者房地产估价师就应当按照民事法律的规定，承担一定形式的民事赔偿责任；（3）刑事责任。房地产价格评估机构或者房地产估价师出具虚假的评估报告的，可能构成提供虚假证明文件罪；出具有重大差错的评估报告的，可能构成出具证明文件重大失实罪。

48. 房地产估价机构在从事业务活动中不得有哪些行为？

依据《房地产估价机构管理办法》第 33 条的规定，房地产估价机构不得有下列行为：（1）涂改、倒卖、出租、出借或者以其他形式非法转让资质证书；（2）超越资质等级业务范围承接房地产估价业务；（3）以迎合高估或者低估要求、给予回扣、恶意压低收费等方式进行不正当竞争；（4）违反房地产估价规范和标准；（5）出具有虚假记载、误导性陈述或者重大遗漏的估价报告；（6）擅自设立分支机构；（7）未经委托人书面同意，擅自转让受托的估价业务；（8）法律、法规禁止的其他行为。

第五章　附　则

第三十五条　**【施行日期】**本条例自公布之日起施行。2001年6月13日国务院公布的《城市房屋拆迁管理条例》同时废止。本条例施行前已依法取得房屋拆迁许可证的项目，继续沿用原有的规定办理，但政府不得责成有关部门强制拆迁。

条文解读

时效　本条是关于本条例施行日期、城市房屋拆迁管理条例废止日期以及本条例与城市房屋拆迁管理条例之间衔接的规定。自2011年1月21日起，因公共利益需要征收房屋的，应当由市、县级人民政府作出房屋征收决定，房屋征收部门不得再按照城市房屋拆迁管理条例规定核发新的房屋拆迁许可证。同时，要求国务院有关部门、地方人民政府及时制定相应的配套政策，规范房屋征收补偿工作。本条例施行前已核发的房屋拆迁许可证仍然有效。根据本条规定，经依法取得房屋拆迁许可证的项目，除不能实行行政机关自行强制拆迁外，拆迁许可延期、资金监管、评估、行政裁决等，将继续沿用城市房屋拆迁管理条例及配套政策的规定。

实践中可能会遇到已受理了拆迁许可申请，但尚未核发许可证；分期建设的项目，一期已核发许可，二期尚未核发许可；在许可证规定的期限内，尚未完成拆迁任务，需要延期等情况。根据本条例规定，新的许可证一律不得核发，前两种情形，只能按照本条例规定的征收程序，办理相关手续。需要延期的，应当在原许可证上注明延期期限。

法律法规
新解读丛书

关联法规

国有土地上房屋征收
与补偿条例解读与应用

中华人民共和国宪法（节录）

· 1982 年 12 月 4 日第五届全国人民代表大会第五次会议通过

· 1982 年 12 月 4 日全国人民代表大会公告公布施行

· 根据 1988 年 4 月 12 日第七届全国人民代表大会第一次会议通过的《中华人民共和国宪法修正案》、1993 年 3 月 29 日第八届全国人民代表大会第一次会议通过的《中华人民共和国宪法修正案》、1999 年 3 月 15 日第九届全国人民代表大会第二次会议通过的《中华人民共和国宪法修正案》、2004 年 3 月 14 日第十届全国人民代表大会第二次会议通过的《中华人民共和国宪法修正案》和 2018 年 3 月 11 日第十三届全国人民代表大会第一次会议通过的《中华人民共和国宪法修正案》修正

......

第九条 【自然资源】矿藏、水流、森林、山岭、草原、荒地、滩涂等自然资源，都属于国家所有，即全民所有；由法律规定属于集体所有的森林和山岭、草原、荒地、滩涂除外。

国家保障自然资源的合理利用，保护珍贵的动物和植物。禁止任何组织或者个人用任何手段侵占或者破坏自然资源。

第十条 【土地制度】城市的土地属于国家所有。

农村和城市郊区的土地，除由法律规定属于国家所有的以外，属于集体所有；宅基地和自留地、自留山，也属于集体所有。

国家为了公共利益的需要，可以依照法律规定对土地实行征收或者征用并给予补偿。

任何组织或者个人不得侵占、买卖或者以其他形式非法转让土地。土地的使用权可以依照法律的规定转让。

一切使用土地的组织和个人必须合理地利用土地。

……

中华人民共和国民法典（节录）

· 2020 年 5 月 28 日第十三届全国人民代表大会第三次会议通过
· 2020 年 5 月 28 日中华人民共和国主席令第 45 号公布
· 自 2021 年 1 月 1 日起施行

……

第一百一十七条　【征收与征用】 为了公共利益的需要，依照法律规定的权限和程序征收、征用不动产或者动产的，应当给予公平、合理的补偿。

……

第二百二十九条　【法律文书、征收决定导致物权变动效力发生时间】 因人民法院、仲裁机构的法律文书或者人民政府的征收决定等，导致物权设立、变更、转让或者消灭的，自法律文书或者征收决定等生效时发生效力。

……

第二百四十三条　【征收】 为了公共利益的需要，依照法律规定的权限和程序可以征收集体所有的土地和组织、个人的房屋以及其他不动产。

征收集体所有的土地，应当依法及时足额支付土地补偿费、安置补助费以及农村村民住宅、其他地上附着物和青苗等的补偿费用，并安排被征地农民的社会保障费用，保障被征地农民的生活，维护被征地农民的合法权益。

征收组织、个人的房屋以及其他不动产，应当依法给予征收补偿，维护被征收人的合法权益；征收个人住宅的，还应当保障被征收人的居住条件。

任何组织或者个人不得贪污、挪用、私分、截留、拖欠征收补偿费等费用。

第二百四十四条 【保护耕地与禁止违法征地】国家对耕地实行特殊保护，严格限制农用地转为建设用地，控制建设用地总量。不得违反法律规定的权限和程序征收集体所有的土地。

第二百四十五条 【征用】因抢险救灾、疫情防控等紧急需要，依照法律规定的权限和程序可以征用组织、个人的不动产或者动产。被征用的不动产或者动产使用后，应当返还被征用人。组织、个人的不动产或者动产被征用或者征用后毁损、灭失的，应当给予补偿。

……

第二百六十一条 【农民集体所有财产归属及重大事项集体决定】农民集体所有的不动产和动产，属于本集体成员集体所有。

下列事项应当依照法定程序经本集体成员决定：

（一）土地承包方案以及将土地发包给本集体以外的组织或者个人承包；

（二）个别土地承包经营权人之间承包地的调整；

（三）土地补偿费等费用的使用、分配办法；

（四）集体出资的企业的所有权变动等事项；

（五）法律规定的其他事项。

……

第三百二十七条 【被征收、征用时用益物权人的补偿请求权】因不动产或者动产被征收、征用致使用益物权消灭或者影响用益物权行使的，用益物权人有权依据本法第二百四十三条、第二百四十五条的规定获得相应补偿。

……

第三百三十八条 【征收承包地的补偿规则】承包地被征收的，土地承包经营权人有权依据本法第二百四十三条的规定获得相应补偿。

......

第三百五十八条 【建设用地使用权的提前收回及其补偿】建设用地使用权期限届满前，因公共利益需要提前收回该土地的，应当依据本法第二百四十三条的规定对该土地上的房屋以及其他不动产给予补偿，并退还相应的出让金。

......

第三百九十条 【担保物权的物上代位性】担保期间，担保财产毁损、灭失或者被征收等，担保物权人可以就获得的保险金、赔偿金或者补偿金等优先受偿。被担保债权的履行期限未届满的，也可以提存该保险金、赔偿金或者补偿金等。

......

中华人民共和国土地管理法（节录）

· 1986 年 6 月 25 日第六届全国人民代表大会常务委员会第十六次会议通过
· 根据 1988 年 12 月 29 日第七届全国人民代表大会常务委员会第五次会议《关于修改〈中华人民共和国土地管理法〉的决定》第一次修正
· 1998 年 8 月 29 日第九届全国人民代表大会常务委员会第四次会议修订
· 根据 2004 年 8 月 28 日第十届全国人民代表大会常务委员会第十一次会议《关于修改〈中华人民共和国土地管理法〉的决定》第二次修正
· 根据 2019 年 8 月 26 日第十三届全国人民代表大会常务委员会第十二次会议《关于修改〈中华人民共和国土地管理法〉、〈中华人民共和国城市房地产管理法〉的决定》第三次修正

......

第二条 【基本土地制度】中华人民共和国实行土地的社会主义

公有制，即全民所有制和劳动群众集体所有制。

全民所有，即国家所有土地的所有权由国务院代表国家行使。

任何单位和个人不得侵占、买卖或者以其他形式非法转让土地。土地使用权可以依法转让。

国家为了公共利益的需要，可以依法对土地实行征收或者征用并给予补偿。

国家依法实行国有土地有偿使用制度。但是，国家在法律规定的范围内划拨国有土地使用权的除外。

……

第三十条　【占用耕地补偿制度】国家保护耕地，严格控制耕地转为非耕地。

国家实行占用耕地补偿制度。非农业建设经批准占用耕地的，按照"占多少，垦多少"的原则，由占用耕地的单位负责开垦与所占用耕地的数量和质量相当的耕地；没有条件开垦或者开垦的耕地不符合要求的，应当按照省、自治区、直辖市的规定缴纳耕地开垦费，专款用于开垦新的耕地。

省、自治区、直辖市人民政府应当制定开垦耕地计划，监督占用耕地的单位按照计划开垦耕地或者按照计划组织开垦耕地，并进行验收。

……

第三十二条　【省级政府耕地保护责任】省、自治区、直辖市人民政府应当严格执行土地利用总体规划和土地利用年度计划，采取措施，确保本行政区域内耕地总量不减少、质量不降低。耕地总量减少的，由国务院责令在规定期限内组织开垦与所减少耕地的数量与质量相当的耕地；耕地质量降低的，由国务院责令在规定期限内组织整治。新开垦和整治的耕地由国务院自然资源主管部门会同农业农村主管部门验收。

个别省、直辖市确因土地后备资源匮乏，新增建设用地后，新开垦耕地的数量不足以补偿所占用耕地的数量的，必须报经国务院批准减免本行政区域内开垦耕地的数量，易地开垦数量和质量相当的耕地。

......

第三十五条 【永久基本农田的保护措施】永久基本农田经依法划定后，任何单位和个人不得擅自占用或者改变其用途。国家能源、交通、水利、军事设施等重点建设项目选址确实难以避让永久基本农田，涉及农用地转用或者土地征收的，必须经国务院批准。

禁止通过擅自调整县级土地利用总体规划、乡（镇）土地利用总体规划等方式规避永久基本农田农用地转用或者土地征收的审批。

......

第四十五条 【征地范围】为了公共利益的需要，有下列情形之一，确需征收农民集体所有的土地的，可以依法实施征收：

（一）军事和外交需要用地的；

（二）由政府组织实施的能源、交通、水利、通信、邮政等基础设施建设需要用地的；

（三）由政府组织实施的科技、教育、文化、卫生、体育、生态环境和资源保护、防灾减灾、文物保护、社区综合服务、社会福利、市政公用、优抚安置、英烈保护等公共事业需要用地的；

（四）由政府组织实施的扶贫搬迁、保障性安居工程建设需要用地的；

（五）在土地利用总体规划确定的城镇建设用地范围内，经省级以上人民政府批准由县级以上地方人民政府组织实施的成片开发建设需要用地的；

（六）法律规定为公共利益需要可以征收农民集体所有的土地的其他情形。

前款规定的建设活动，应当符合国民经济和社会发展规划、土地利用总体规划、城乡规划和专项规划；第（四）项、第（五）项规定的建设活动，还应当纳入国民经济和社会发展年度计划；第（五）项规定的成片开发并应当符合国务院自然资源主管部门规定的标准。

第四十六条 【征地审批权限】征收下列土地的，由国务院批准：

（一）永久基本农田；

（二）永久基本农田以外的耕地超过三十五公顷的；

（三）其他土地超过七十公顷的。

征收前款规定以外的土地的，由省、自治区、直辖市人民政府批准。

征收农用地的，应当依照本法第四十四条的规定先行办理农用地转用审批。其中，经国务院批准农用地转用的，同时办理征地审批手续，不再另行办理征地审批；经省、自治区、直辖市人民政府在征地批准权限内批准农用地转用的，同时办理征地审批手续，不再另行办理征地审批，超过征地批准权限的，应当依照本条第一款的规定另行办理征地审批。

第四十七条　**【土地征收程序】**国家征收土地的，依照法定程序批准后，由县级以上地方人民政府予以公告并组织实施。

县级以上地方人民政府拟申请征收土地的，应当开展拟征收土地现状调查和社会稳定风险评估，并将征收范围、土地现状、征收目的、补偿标准、安置方式和社会保障等在拟征收土地所在的乡（镇）和村、村民小组范围内公告至少三十日，听取被征地的农村集体经济组织及其成员、村民委员会和其他利害关系人的意见。

多数被征地的农村集体经济组织成员认为征地补偿安置方案不符合法律、法规规定的，县级以上地方人民政府应当组织召开听证会，并根据法律、法规的规定和听证会情况修改方案。

拟征收土地的所有权人、使用权人应当在公告规定期限内，持不动产权属证明材料办理补偿登记。县级以上地方人民政府应当组织有关部门测算并落实有关费用，保证足额到位，与拟征收土地的所有权人、使用权人就补偿、安置等签订协议；个别确实难以达成协议的，应当在申请征收土地时如实说明。

相关前期工作完成后，县级以上地方人民政府方可申请征收土地。

第四十八条　**【土地征收补偿安置】**征收土地应当给予公平、合理的补偿，保障被征地农民原有生活水平不降低、长远生计有保障。

征收土地应当依法及时足额支付土地补偿费、安置补助费以及农村村民住宅、其他地上附着物和青苗等的补偿费用，并安排被征地农民的社会保障费用。

征收农用地的土地补偿费、安置补助费标准由省、自治区、直辖市通过制定公布区片综合地价确定。制定区片综合地价应当综合考虑土地原用途、土地资源条件、土地产值、土地区位、土地供求关系、人口以及经济社会发展水平等因素，并至少每三年调整或者重新公布一次。

征收农用地以外的其他土地、地上附着物和青苗等的补偿标准，由省、自治区、直辖市制定。对其中的农村村民住宅，应当按照先补偿后搬迁、居住条件有改善的原则，尊重农村村民意愿，采取重新安排宅基地建房、提供安置房或者货币补偿等方式给予公平、合理的补偿，并对因征收造成的搬迁、临时安置等费用予以补偿，保障农村村民居住的权利和合法的住房财产权益。

县级以上地方人民政府应当将被征地农民纳入相应的养老等社会保障体系。被征地农民的社会保障费用主要用于符合条件的被征地农民的养老保险等社会保险缴费补贴。被征地农民社会保障费用的筹集、管理和使用办法，由省、自治区、直辖市制定。

第四十九条 　【征地补偿费用的使用】被征地的农村集体经济组织应当将征收土地的补偿费用的收支状况向本集体经济组织的成员公布，接受监督。

禁止侵占、挪用被征收土地单位的征地补偿费用和其他有关费用。

……

第五十一条 　【大中型水利水电工程建设征地补偿和移民安置】大中型水利、水电工程建设征收土地的补偿费标准和移民安置办法，由国务院另行规定。

……

第五十七条 　【建设项目临时用地】建设项目施工和地质勘查需

要临时使用国有土地或者农民集体所有的土地的，由县级以上人民政府自然资源主管部门批准。其中，在城市规划区内的临时用地，在报批前，应当先经有关城市规划行政主管部门同意。土地使用者应当根据土地权属，与有关自然资源主管部门或者农村集体经济组织、村民委员会签订临时使用土地合同，并按照合同的约定支付临时使用土地补偿费。

临时使用土地的使用者应当按照临时使用土地合同约定的用途使用土地，并不得修建永久性建筑物。

临时使用土地期限一般不超过二年。

第五十八条　【收回国有土地使用权】 有下列情形之一的，由有关人民政府自然资源主管部门报经原批准用地的人民政府或者有批准权的人民政府批准，可以收回国有土地使用权：

（一）为实施城市规划进行旧城区改建以及其他公共利益需要，确需使用土地的；

（二）土地出让等有偿使用合同约定的使用期限届满，土地使用者未申请续期或者申请续期未获批准的；

（三）因单位撤销、迁移等原因，停止使用原划拨的国有土地的；

（四）公路、铁路、机场、矿场等经核准报废的。

依照前款第（一）项的规定收回国有土地使用权的，对土地使用权人应当给予适当补偿。

……

第七十九条　【非法批准征收、使用土地的法律责任】 无权批准征收、使用土地的单位或者个人非法批准占用土地的，超越批准权限非法批准占用土地的，不按照土地利用总体规划确定的用途批准用地的，或者违反法律规定的程序批准占用、征收土地的，其批准文件无效，对非法批准征收、使用土地的直接负责的主管人员和其他直接责任人员，依法给予处分；构成犯罪的，依法追究刑事责任。非法批准、使用的土地应当收回，有关当事人拒不归还的，以非法占用土地论处。

非法批准征收、使用土地，对当事人造成损失的，依法应当承担赔偿责任。

第八十条　【非法侵占、挪用征地补偿费的法律责任】侵占、挪用被征收土地单位的征地补偿费用和其他有关费用，构成犯罪的，依法追究刑事责任；尚不构成犯罪的，依法给予处分。

……

中华人民共和国城市房地产管理法（节录）

· 1994 年 7 月 5 日第八届全国人民代表大会常务委员会第八次会议通过
· 根据 2007 年 8 月 30 日第十届全国人民代表大会常务委员会第二十九次会议《关于修改〈中华人民共和国城市房地产管理法〉的决定》第一次修正
· 根据 2009 年 8 月 27 日第十一届全国人民代表大会常务委员会第十次会议《关于修改部分法律的决定》第二次修正
· 根据 2019 年 8 月 26 日第十三届全国人民代表大会常务委员会第十二次会议《关于修改〈中华人民共和国土地管理法〉、〈中华人民共和国城市房地产管理法〉的决定》第三次修正

……

第六条　【房屋征收】为了公共利益的需要，国家可以征收国有土地上单位和个人的房屋，并依法给予拆迁补偿，维护被征收人的合法权益；征收个人住宅的，还应当保障被征收人的居住条件。具体办法由国务院规定。

……

第九条　【集体所有土地征收与出让】城市规划区内的集体所有的土地，经依法征收转为国有土地后，该幅国有土地的使用权方可有偿出让，但法律另有规定的除外。

......

第二十六条 【开发土地期限】以出让方式取得土地使用权进行房地产开发的，必须按照土地使用权出让合同约定的土地用途、动工开发期限开发土地。超过出让合同约定的动工开发日期满一年未动工开发的，可以征收相当于土地使用权出让金百分之二十以下的土地闲置费；满二年未动工开发的，可以无偿收回土地使用权；但是，因不可抗力或者政府、政府有关部门的行为或者动工开发必需的前期工作造成动工开发迟延的除外。

......

中华人民共和国城乡规划法（节录）

· 2007 年 10 月 28 日第十届全国人民代表大会常务委员会第三十次会议通过
· 根据 2015 年 4 月 24 日第十二届全国人民代表大会常务委员会第十四次会议《关于修改〈中华人民共和国港口法〉等七部法律的决定》第一次修正
· 根据 2019 年 4 月 23 日第十三届全国人民代表大会常务委员会第十次会议《关于修改〈中华人民共和国建筑法〉等八部法律的决定》第二次修正

......

第四条 【城乡规划制定、实施原则】制定和实施城乡规划，应当遵循城乡统筹、合理布局、节约土地、集约发展和先规划后建设的原则，改善生态环境，促进资源、能源节约和综合利用，保护耕地等自然资源和历史文化遗产，保持地方特色、民族特色和传统风貌，防止污染和其他公害，并符合区域人口发展、国防建设、防灾减灾和公共卫生、公共安全的需要。

在规划区内进行建设活动，应当遵守土地管理、自然资源和环境保护等法律、法规的规定。

县级以上地方人民政府应当根据当地经济社会发展的实际，在城市总体规划、镇总体规划中合理确定城市、镇的发展规模、步骤和建设标准。

……

第九条 【单位和个人的权利义务】任何单位和个人都应当遵守经依法批准并公布的城乡规划，服从规划管理，并有权就涉及其利害关系的建设活动是否符合规划的要求向城乡规划主管部门查询。

任何单位和个人都有权向城乡规划主管部门或者其他有关部门举报或者控告违反城乡规划的行为。城乡规划主管部门或者其他有关部门对举报或者控告，应当及时受理并组织核查、处理。

……

第二十六条 【公众参与城乡规划编制】城乡规划报送审批前，组织编制机关应当依法将城乡规划草案予以公告，并采取论证会、听证会或者其他方式征求专家和公众的意见。公告的时间不得少于三十日。

组织编制机关应当充分考虑专家和公众的意见，并在报送审批的材料中附具意见采纳情况及理由。

……

第三十一条 【旧城区改造实施城乡规划】旧城区的改建，应当保护历史文化遗产和传统风貌，合理确定拆迁和建设规模，有计划地对危房集中、基础设施落后等地段进行改建。

历史文化名城、名镇、名村的保护以及受保护建筑物的维护和使用，应当遵守有关法律、行政法规和国务院的规定。

……

中华人民共和国城镇国有土地使用权
出让和转让暂行条例

· 1990 年 5 月 19 日中华人民共和国国务院令第 55 号发布

· 根据 2020 年 11 月 29 日《国务院关于修改和废止部分行政法规的决定》修订

第一章 总 则

第一条 为了改革城镇国有土地使用制度，合理开发、利用、经营土地，加强土地管理，促进城市建设和经济发展，制定本条例。

第二条 国家按照所有权与使用权分离的原则，实行城镇国有土地使用权出让、转让制度，但地下资源、埋藏物和市政公用设施除外。

前款所称城镇国有土地是指市、县城、建制镇、工矿区范围内属于全民所有的土地（以下简称土地）。

第三条 中华人民共和国境内外的公司、企业、其他组织和个人，除法律另有规定者外，均可依照本条例的规定取得土地使用权，进行土地开发、利用、经营。

第四条 依照本条例的规定取得土地使用权的土地使用者，其使用权在使用年限内可以转让、出租、抵押或者用于其他经济活动，合法权益受国家法律保护。

第五条 土地使用者开发、利用、经营土地的活动，应当遵守国家法律、法规的规定，并不得损害社会公共利益。

第六条 县级以上人民政府土地管理部门依法对土地使用权的出让、转让、出租、抵押、终止进行监督检查。

第七条 土地使用权出让、转让、出租、抵押、终止及有关的地上建筑物、其他附着物的登记，由政府土地管理部门、房产管理部门依照法律和国务院的有关规定办理。

登记文件可以公开查阅。

第二章　土地使用权出让

第八条　土地使用权出让是指国家以土地所有者的身份将土地使用权在一定年限内让与土地使用者，并由土地使用者向国家支付土地使用权出让金的行为。

土地使用权出让应当签订出让合同。

第九条　土地使用权的出让，由市、县人民政府负责，有计划、有步骤地进行。

第十条　土地使用权出让的地块、用途、年限和其他条件，由市、县人民政府土地管理部门会同城市规划和建设管理部门、房产管理部门共同拟定方案，按照国务院规定的批准权限报经批准后，由土地管理部门实施。

第十一条　土地使用权出让合同应当按照平等、自愿、有偿的原则，由市、县人民政府土地管理部门（以下简称出让方）与土地使用者签订。

第十二条　土地使用权出让最高年限按下列用途确定：

（一）居住用地70年；

（二）工业用地50年；

（三）教育、科技、文化、卫生、体育用地50年；

（四）商业、旅游、娱乐用地40年；

（五）综合或者其他用地50年。

第十三条　土地使用权出让可以采取下列方式：

（一）协议；

（二）招标；

（三）拍卖。

依照前款规定方式出让土地使用权的具体程序和步骤，由省、自治区、直辖市人民政府规定。

第十四条　土地使用者应当在签订土地使用权出让合同后 60 日内，支付全部土地使用权出让金。逾期未全部支付的，出让方有权解除合同，并可请求违约赔偿。

第十五条　出让方应当按照合同规定，提供出让的土地使用权。未按合同规定提供土地使用权的，土地使用者有权解除合同，并可请求违约赔偿。

第十六条　土地使用者在支付全部土地使用权出让金后，应当依照规定办理登记，领取土地使用证，取得土地使用权。

第十七条　土地使用者应当按照土地使用权出让合同的规定和城市规划的要求，开发、利用、经营土地。

未按合同规定的期限和条件开发、利用土地的，市、县人民政府土地管理部门应当予以纠正，并根据情节可以给予警告、罚款直至无偿收回土地使用权的处罚。

第十八条　土地使用者需要改变土地使用权出让合同规定的土地用途的，应当征得出让方同意并经土地管理部门和城市规划部门批准，依照本章的有关规定重新签订土地使用权出让合同，调整土地使用权出让金，并办理登记。

第三章　土地使用权转让

第十九条　土地使用权转让是指土地使用者将土地使用权再转移的行为，包括出售、交换和赠与。

未按土地使用权出让合同规定的期限和条件投资开发、利用土地的，土地使用权不得转让。

第二十条　土地使用权转让应当签订转让合同。

第二十一条　土地使用权转让时，土地使用权出让合同和登记文件中所载明的权利、义务随之转移。

第二十二条　土地使用者通过转让方式取得的土地使用权，其使用年限为土地使用权出让合同规定的使用年限减去原土地使用者已使用年限后的剩余年限。

第二十三条　土地使用权转让时，其地上建筑物、其他附着物所有权随之转让。

第二十四条　地上建筑物、其他附着物的所有人或者共有人，享有该建筑物、附着物使用范围内的土地使用权。

土地使用者转让地上建筑物、其他附着物所有权时，其使用范围内的土地使用权随之转让，但地上建筑物、其他附着物作为动产转让的除外。

第二十五条　土地使用权和地上建筑物、其他附着物所有权转让，应当依照规定办理过户登记。

土地使用权和地上建筑物、其他附着物所有权分割转让的，应当经市、县人民政府土地管理部门和房产管理部门批准，并依照规定办理过户登记。

第二十六条　土地使用权转让价格明显低于市场价格的，市、县人民政府有优先购买权。

土地使用权转让的市场价格不合理上涨时，市、县人民政府可以采取必要的措施。

第二十七条　土地使用权转让后，需要改变土地使用权出让合同规定的土地用途的，依照本条例第十八条的规定办理。

第四章　土地使用权出租

第二十八条　土地使用权出租是指土地使用者作为出租人将土地使用权随同地上建筑物、其他附着物租赁给承租人使用，由承租人向出租人支付租金的行为。

未按土地使用权出让合同规定的期限和条件投资开发、利用土地的，土地使用权不得出租。

第二十九条　土地使用权出租，出租人与承租人应当签订租赁合同。

租赁合同不得违背国家法律、法规和土地使用权出让合同的规定。

第三十条　土地使用权出租后，出租人必须继续履行土地使用权出让合同。

第三十一条　土地使用权和地上建筑物、其他附着物出租，出租人应当依照规定办理登记。

第五章　土地使用权抵押

第三十二条　土地使用权可以抵押。

第三十三条　土地使用权抵押时，其地上建筑物、其他附着物随之抵押。

地上建筑物、其他附着物抵押时，其使用范围内的土地使用权随之抵押。

第三十四条　土地使用权抵押，抵押人与抵押权人应当签订抵押合同。

抵押合同不得违背国家法律、法规和土地使用权出让合同的规定。

第三十五条　土地使用权和地上建筑物、其他附着物抵押，应当依照规定办理抵押登记。

第三十六条　抵押人到期未能履行债务或者在抵押合同期间宣告解散、破产的，抵押权人有权依照国家法律、法规和抵押合同的规定处分抵押财产。

因处分抵押财产而取得土地使用权和地上建筑物、其他附着物所有权的，应当依照规定办理过户登记。

第三十七条　处分抵押财产所得，抵押权人有优先受偿权。

第三十八条　抵押权因债务清偿或者其他原因而消灭的，应当依照规定办理注销抵押登记。

第六章　土地使用权终止

第三十九条　土地使用权因土地使用权出让合同规定的使用年限届满、提前收回及土地灭失等原因而终止。

第四十条　土地使用权期满，土地使用权及其地上建筑物、其他附着物所有权由国家无偿取得。土地使用者应当交还土地使用证，并依照规定办理注销登记。

第四十一条　土地使用权期满，土地使用者可以申请续期。需要续期的，应当依照本条例第二章的规定重新签订合同，支付土地使用权出让金，并办理登记。

第四十二条　国家对土地使用者依法取得的土地使用权不提前收回。在特殊情况下，根据社会公共利益的需要，国家可以依照法律程序提前收回，并根据土地使用者已使用的年限和开发、利用土地的实际情况给予相应的补偿。

第七章　划拨土地使用权

第四十三条　划拨土地使用权是指土地使用者通过各种方式依法无偿取得的土地使用权。

前款土地使用者应当依照《中华人民共和国城镇土地使用税暂行条例》的规定缴纳土地使用税。

第四十四条　划拨土地使用权，除本条例第四十五条规定的情况外，不得转让、出租、抵押。

第四十五条　符合下列条件的，经市、县人民政府土地管理部门和房产管理部门批准，其划拨土地使用权和地上建筑物、其他附着物所有权可以转让、出租、抵押：

（一）土地使用者为公司、企业、其他经济组织和个人；

（二）领有国有土地使用证；

（三）具有地上建筑物、其他附着物合法的产权证明；

（四）依照本条例第二章的规定签订土地使用权出让合同，向当地市、县人民政府补交土地使用权出让金或者以转让、出租、抵押所获收益抵交土地使用权出让金。

转让、出租、抵押前款划拨土地使用权的，分别依照本条例第三章、第四章和第五章的规定办理。

第四十六条　对未经批准擅自转让、出租、抵押划拨土地使用权的单位和个人，市、县人民政府土地管理部门应当没收其非法收入，并根据情节处以罚款。

第四十七条　无偿取得划拨土地使用权的土地使用者，因迁移、解散、撤销、破产或者其他原因而停止使用土地的，市、县人民政府应当无偿收回其划拨土地使用权，并可依照本条例的规定予以出让。

对划拨土地使用权，市、县人民政府根据城市建设发展需要和城市规划的要求，可以无偿收回，并可依照本条例的规定予以出让。

无偿收回划拨土地使用权时，对其地上建筑物、其他附着物，市、县人民政府应当根据实际情况给予适当补偿。

第八章　附　　则

第四十八条　依照本条例的规定取得土地使用权的个人，其土地使用权可以继承。

第四十九条　土地使用者应当依照国家税收法规的规定纳税。

第五十条　依照本条例收取的土地使用权出让金列入财政预算，作为专项基金管理，主要用于城市建设和土地开发。具体使用管理办法，由财政部另行制定。

第五十一条　各省、自治区、直辖市人民政府应当根据本条例的规定和当地的实际情况选择部分条件比较成熟的城镇先行试点。

第五十二条　本条例由国家土地管理局负责解释；实施办法由省、自治区、直辖市人民政府制定。

第五十三条　本条例自发布之日起施行。

国有土地上房屋征收评估办法

· 2011 年 6 月 3 日
· 建房〔2011〕77 号

第一条 为规范国有土地上房屋征收评估活动，保证房屋征收评估结果客观公平，根据《国有土地上房屋征收与补偿条例》，制定本办法。

第二条 评估国有土地上被征收房屋和用于产权调换房屋的价值，测算被征收房屋类似房地产的市场价格，以及对相关评估结果进行复核评估和鉴定，适用本办法。

第三条 房地产价格评估机构、房地产估价师、房地产价格评估专家委员会（以下称评估专家委员会）成员应当独立、客观、公正地开展房屋征收评估、鉴定工作，并对出具的评估、鉴定意见负责。

任何单位和个人不得干预房屋征收评估、鉴定活动。与房屋征收当事人有利害关系的，应当回避。

第四条 房地产价格评估机构由被征收人在规定时间内协商选定；在规定时间内协商不成的，由房屋征收部门通过组织被征收人按照少数服从多数的原则投票决定，或者采取摇号、抽签等随机方式确定。具体办法由省、自治区、直辖市制定。

房地产价格评估机构不得采取迎合征收当事人不当要求、虚假宣传、恶意低收费等不正当手段承揽房屋征收评估业务。

第五条 同一征收项目的房屋征收评估工作，原则上由一家房地产价格评估机构承担。房屋征收范围较大的，可以由两家以上房地产价格评估机构共同承担。

两家以上房地产价格评估机构承担的，应当共同协商确定一家房地产价格评估机构为牵头单位；牵头单位应当组织相关房地产价格评估机构就评估对象、评估时点、价值内涵、评估依据、评估假设、评估原则、评估技术路线、评估方法、重要参数选取、评估结果确定方式等进行沟通，统一标准。

第六条　房地产价格评估机构选定或者确定后，一般由房屋征收部门作为委托人，向房地产价格评估机构出具房屋征收评估委托书，并与其签订房屋征收评估委托合同。

房屋征收评估委托书应当载明委托人的名称、委托的房地产价格评估机构的名称、评估目的、评估对象范围、评估要求以及委托日期等内容。

房屋征收评估委托合同应当载明下列事项：

（一）委托人和房地产价格评估机构的基本情况；

（二）负责本评估项目的注册房地产估价师；

（三）评估目的、评估对象、评估时点等评估基本事项；

（四）委托人应提供的评估所需资料；

（五）评估过程中双方的权利和义务；

（六）评估费用及收取方式；

（七）评估报告交付时间、方式；

（八）违约责任；

（九）解决争议的方法；

（十）其他需要载明的事项。

第七条　房地产价格评估机构应当指派与房屋征收评估项目工作量相适应的足够数量的注册房地产估价师开展评估工作。

房地产价格评估机构不得转让或者变相转让受托的房屋征收评估业务。

第八条　被征收房屋价值评估目的应当表述为"为房屋征收部门与被征收人确定被征收房屋价值的补偿提供依据，评估被征收房屋的价值"。

用于产权调换房屋价值评估目的应当表述为"为房屋征收部门与被

征收人计算被征收房屋价值与用于产权调换房屋价值的差价提供依据，评估用于产权调换房屋的价值"。

第九条　房屋征收评估前，房屋征收部门应当组织有关单位对被征收房屋情况进行调查，明确评估对象。评估对象应当全面、客观，不得遗漏、虚构。

房屋征收部门应当向受托的房地产价格评估机构提供征收范围内房屋情况，包括已经登记的房屋情况和未经登记建筑的认定、处理结果情况。调查结果应当在房屋征收范围内向被征收人公布。

对于已经登记的房屋，其性质、用途和建筑面积，一般以房屋权属证书和房屋登记簿的记载为准；房屋权属证书与房屋登记簿的记载不一致的，除有证据证明房屋登记簿确有错误外，以房屋登记簿为准。对于未经登记的建筑，应当按照市、县级人民政府的认定、处理结果进行评估。

第十条　被征收房屋价值评估时点为房屋征收决定公告之日。

用于产权调换房屋价值评估时点应当与被征收房屋价值评估时点一致。

第十一条　被征收房屋价值是指被征收房屋及其占用范围内的土地使用权在正常交易情况下，由熟悉情况的交易双方以公平交易方式在评估时点自愿进行交易的金额，但不考虑被征收房屋租赁、抵押、查封等因素的影响。

前款所述不考虑租赁因素的影响，是指评估被征收房屋无租约限制的价值；不考虑抵押、查封因素的影响，是指评估价值中不扣除被征收房屋已抵押担保的债权数额、拖欠的建设工程价款和其他法定优先受偿款。

第十二条　房地产价格评估机构应当安排注册房地产估价师对被征收房屋进行实地查勘，调查被征收房屋状况，拍摄反映被征收房屋内外部状况的照片等影像资料，做好实地查勘记录，并妥善保管。

被征收人应当协助注册房地产估价师对被征收房屋进行实地查勘，

提供或者协助搜集被征收房屋价值评估所必需的情况和资料。

房屋征收部门、被征收人和注册房地产估价师应当在实地查勘记录上签字或者盖章确认。被征收人拒绝在实地查勘记录上签字或者盖章的，应当由房屋征收部门、注册房地产估价师和无利害关系的第三人见证，有关情况应当在评估报告中说明。

第十三条　注册房地产估价师应当根据评估对象和当地房地产市场状况，对市场法、收益法、成本法、假设开发法等评估方法进行适用性分析后，选用其中一种或者多种方法对被征收房屋价值进行评估。

被征收房屋的类似房地产有交易的，应当选用市场法评估；被征收房屋或者其类似房地产有经济收益的，应当选用收益法评估；被征收房屋是在建工程的，应当选用假设开发法评估。

可以同时选用两种以上评估方法评估的，应当选用两种以上评估方法评估，并对各种评估方法的测算结果进行校核和比较分析后，合理确定评估结果。

第十四条　被征收房屋价值评估应当考虑被征收房屋的区位、用途、建筑结构、新旧程度、建筑面积以及占地面积、土地使用权等影响被征收房屋价值的因素。

被征收房屋室内装饰装修价值，机器设备、物资等搬迁费用，以及停产停业损失等补偿，由征收当事人协商确定；协商不成的，可以委托房地产价格评估机构通过评估确定。

第十五条　房屋征收评估价值应当以人民币为计价的货币单位，精确到元。

第十六条　房地产价格评估机构应当按照房屋征收评估委托书或者委托合同的约定，向房屋征收部门提供分户的初步评估结果。分户的初步评估结果应当包括评估对象的构成及其基本情况和评估价值。房屋征收部门应当将分户的初步评估结果在征收范围内向被征收人公示。

公示期间，房地产价格评估机构应当安排注册房地产估价师对分户的初步评估结果进行现场说明解释。存在错误的，房地产价格评估机构应当修正。

第十七条　分户初步评估结果公示期满后，房地产价格评估机构应当向房屋征收部门提供委托评估范围内被征收房屋的整体评估报告和分户评估报告。房屋征收部门应当向被征收人转交分户评估报告。

整体评估报告和分户评估报告应当由负责房屋征收评估项目的两名以上注册房地产估价师签字，并加盖房地产价格评估机构公章。不得以印章代替签字。

第十八条　房屋征收评估业务完成后，房地产价格评估机构应当将评估报告及相关资料立卷、归档保管。

第十九条　被征收人或者房屋征收部门对评估报告有疑问的，出具评估报告的房地产价格评估机构应当向其作出解释和说明。

第二十条　被征收人或者房屋征收部门对评估结果有异议的，应当自收到评估报告之日起10日内，向房地产价格评估机构申请复核评估。

申请复核评估的，应当向原房地产价格评估机构提出书面复核评估申请，并指出评估报告存在的问题。

第二十一条　原房地产价格评估机构应当自收到书面复核评估申请之日起10日内对评估结果进行复核。复核后，改变原评估结果的，应当重新出具评估报告；评估结果没有改变的，应当书面告知复核评估申请人。

第二十二条　被征收人或者房屋征收部门对原房地产价格评估机构的复核结果有异议的，应当自收到复核结果之日起10日内，向被征收房屋所在地评估专家委员会申请鉴定。被征收人对补偿仍有异议的，按照《国有土地上房屋征收与补偿条例》第二十六条规定处理。

第二十三条　各省、自治区住房城乡建设主管部门和设区城市的房地产管理部门应当组织成立评估专家委员会，对房地产价格评估机构做出的复核结果进行鉴定。

评估专家委员会由房地产估价师以及价格、房地产、土地、城市规划、法律等方面的专家组成。

第二十四条　评估专家委员会应当选派成员组成专家组，对复核结果进行鉴定。专家组成员为 3 人以上单数，其中房地产估价师不得少于二分之一。

第二十五条　评估专家委员会应当自收到鉴定申请之日起 10 日内，对申请鉴定评估报告的评估程序、评估依据、评估假设、评估技术路线、评估方法选用、参数选取、评估结果确定方式等评估技术问题进行审核，出具书面鉴定意见。

经评估专家委员会鉴定，评估报告不存在技术问题的，应当维持评估报告；评估报告存在技术问题的，出具评估报告的房地产价格评估机构应当改正错误，重新出具评估报告。

第二十六条　房屋征收评估鉴定过程中，房地产价格评估机构应当按照评估专家委员会要求，就鉴定涉及的评估相关事宜进行说明。需要对被征收房屋进行实地查勘和调查的，有关单位和个人应当协助。

第二十七条　因房屋征收评估、复核评估、鉴定工作需要查询被征收房屋和用于产权调换房屋权属以及相关房地产交易信息的，房地产管理部门及其他相关部门应当提供便利。

第二十八条　在房屋征收评估过程中，房屋征收部门或者被征收人不配合、不提供相关资料的，房地产价格评估机构应当在评估报告中说明有关情况。

第二十九条　除政府对用于产权调换房屋价格有特别规定外，应当以评估方式确定用于产权调换房屋的市场价值。

第三十条　被征收房屋的类似房地产是指与被征收房屋的区位、用途、权利性质、档次、新旧程度、规模、建筑结构等相同或者相似的房地产。

被征收房屋类似房地产的市场价格是指被征收房屋的类似房地产在评估时点的平均交易价格。确定被征收房屋类似房地产的市场价格，应当剔除偶然的和不正常的因素。

第三十一条　房屋征收评估、鉴定费用由委托人承担。但鉴定改变原评估结果的，鉴定费用由原房地产价格评估机构承担。复核评估费用由原房地产价格评估机构承担。房屋征收评估、鉴定费用按照政府价格主管部门规定的收费标准执行。

第三十二条 在房屋征收评估活动中，房地产价格评估机构和房地产估价师的违法违规行为，按照《国有土地上房屋征收与补偿条例》、《房地产估价机构管理办法》、《注册房地产估价师管理办法》等规定处罚。违反规定收费的，由政府价格主管部门依照《中华人民共和国价格法》规定处罚。

第三十三条 本办法自公布之日起施行。2003 年 12 月 1 日原建设部发布的《城市房屋拆迁估价指导意见》同时废止。但《国有土地上房屋征收与补偿条例》施行前已依法取得房屋拆迁许可证的项目，继续沿用原有规定。

房地产估价机构管理办法

· 2005 年 10 月 12 日建设部令第 142 号发布
· 根据 2013 年 10 月 16 日住房和城乡建设部令第 14 号第一次修正
· 根据 2015 年 5 月 4 日《住房和城乡建设部关于修改〈房地产开发企业资质管理规定〉等部门规章的决定》第二次修正

第一章 总 则

第一条 为了规范房地产估价机构行为，维护房地产估价市场秩序，保障房地产估价活动当事人合法权益，根据《中华人民共和国城市房地产管理法》、《中华人民共和国行政许可法》和《国务院对确需保留的行政审批项目设定行政许可的决定》等法律、行政法规，制定本办法。

第二条 在中华人民共和国境内申请房地产估价机构资质，从事房地产估价活动，对房地产估价机构实施监督管理，适用本办法。

第三条　本办法所称房地产估价机构，是指依法设立并取得房地产估价机构资质，从事房地产估价活动的中介服务机构。

本办法所称房地产估价活动，包括土地、建筑物、构筑物、在建工程、以房地产为主的企业整体资产、企业整体资产中的房地产等各类房地产评估，以及因转让、抵押、房屋征收、司法鉴定、课税、公司上市、企业改制、企业清算、资产重组、资产处置等需要进行的房地产评估。

第四条　房地产估价机构从事房地产估价活动，应当坚持独立、客观、公正的原则，执行房地产估价规范和标准。

房地产估价机构依法从事房地产估价活动，不受行政区域、行业限制。任何组织或者个人不得非法干预房地产估价活动和估价结果。

第五条　国务院住房城乡建设主管部门负责全国房地产估价机构的监督管理工作。

省、自治区人民政府住房城乡建设主管部门、直辖市人民政府房地产主管部门负责本行政区域内房地产估价机构的监督管理工作。

市、县人民政府房地产主管部门负责本行政区域内房地产估价机构的监督管理工作。

第六条　房地产估价行业组织应当加强房地产估价行业自律管理。

鼓励房地产估价机构加入房地产估价行业组织。

第七条　国家建立全国统一的房地产估价行业管理信息平台，实现房地产估价机构资质核准、人员注册、信用档案管理等信息关联共享。

第二章　估价机构资质核准

第八条　房地产估价机构资质等级分为一、二、三级。

省、自治区人民政府住房城乡建设主管部门、直辖市人民政府房地产主管部门负责房地产估价机构资质许可。

省、自治区人民政府住房城乡建设主管部门、直辖市人民政府房地产主管部门应当执行国家统一的资质许可条件，加强房地产估价机构资质许可管理，营造公平竞争的市场环境。

国务院住房城乡建设主管部门应当加强对省、自治区人民政府住房城乡建设主管部门、直辖市人民政府房地产主管部门资质许可工作的指导和监督检查，及时纠正资质许可中的违法行为。

第九条 房地产估价机构应当由自然人出资，以有限责任公司或者合伙企业形式设立。

第十条 各资质等级房地产估价机构的条件如下：

（一）一级资质

1. 机构名称有房地产估价或者房地产评估字样；

2. 从事房地产估价活动连续 6 年以上，且取得二级房地产估价机构资质 3 年以上；

3. 有 15 名以上专职注册房地产估价师；

4. 在申请核定资质等级之日前 3 年平均每年完成估价标的物建筑面积 50 万平方米以上或者土地面积 25 万平方米以上；

5. 法定代表人或者执行合伙人是注册后从事房地产估价工作 3 年以上的专职注册房地产估价师；

6. 有限责任公司的股东中有 3 名以上、合伙企业的合伙人中有 2 名以上专职注册房地产估价师，股东或者合伙人中有一半以上是注册后从事房地产估价工作 3 年以上的专职注册房地产估价师；

7. 有限责任公司的股份或者合伙企业的出资额中专职注册房地产估价师的股份或者出资额合计不低于 60%；

8. 有固定的经营服务场所；

9. 估价质量管理、估价档案管理、财务管理等各项企业内部管理制度健全；

10. 随机抽查的 1 份房地产估价报告符合《房地产估价规范》的要求；

11. 在申请核定资质等级之日前 3 年内无本办法第三十三条禁止的

行为。

（二）二级资质

1. 机构名称有房地产估价或者房地产评估字样；

2. 取得三级房地产估价机构资质后从事房地产估价活动连续 4 年以上；

3. 有 8 名以上专职注册房地产估价师；

4. 在申请核定资质等级之日前 3 年平均每年完成估价标的物建筑面积 30 万平方米以上或者土地面积 15 万平方米以上；

5. 法定代表人或者执行合伙人是注册后从事房地产估价工作 3 年以上的专职注册房地产估价师；

6. 有限责任公司的股东中有 3 名以上、合伙企业的合伙人中有 2 名以上专职注册房地产估价师，股东或者合伙人中有一半以上是注册后从事房地产估价工作 3 年以上的专职注册房地产估价师；

7. 有限责任公司的股份或者合伙企业的出资额中专职注册房地产估价师的股份或者出资额合计不低于 60％；

8. 有固定的经营服务场所；

9. 估价质量管理、估价档案管理、财务管理等各项企业内部管理制度健全；

10. 随机抽查的 1 份房地产估价报告符合《房地产估价规范》的要求；

11. 在申请核定资质等级之日前 3 年内无本办法第三十三条禁止的行为。

（三）三级资质

1. 机构名称有房地产估价或者房地产评估字样；

2. 有 3 名以上专职注册房地产估价师；

3. 在暂定期内完成估价标的物建筑面积 8 万平方米以上或者土地面积 3 万平方米以上；

4. 法定代表人或者执行合伙人是注册后从事房地产估价工作 3 年以

上的专职注册房地产估价师;

5. 有限责任公司的股东中有 2 名以上、合伙企业的合伙人中有 2 名以上专职注册房地产估价师,股东或者合伙人中有一半以上是注册后从事房地产估价工作 3 年以上的专职注册房地产估价师;

6. 有限责任公司的股份或者合伙企业的出资额中专职注册房地产估价师的股份或者出资额合计不低于 60%;

7. 有固定的经营服务场所;

8. 估价质量管理、估价档案管理、财务管理等各项企业内部管理制度健全;

9. 随机抽查的 1 份房地产估价报告符合《房地产估价规范》的要求;

10. 在申请核定资质等级之日前 3 年内无本办法第三十三条禁止的行为。

第十一条 申请核定房地产估价机构资质等级,应当如实向资质许可机关提交下列材料:

(一)房地产估价机构资质等级申请表(一式二份,加盖申报机构公章);

(二)房地产估价机构原资质证书正本复印件、副本原件;

(三)营业执照正、副本复印件(加盖申报机构公章);

(四)法定代表人或者执行合伙人的任职文件复印件(加盖申报机构公章);

(五)专职注册房地产估价师证明;

(六)固定经营服务场所的证明;

(七)经工商行政管理部门备案的公司章程或者合伙协议复印件(加盖申报机构公章)及有关估价质量管理、估价档案管理、财务管理等企业内部管理制度的文件、申报机构信用档案信息;

(八)随机抽查的在申请核定资质等级之日前 3 年内申报机构所完成的 1 份房地产估价报告复印件(一式二份,加盖申报机构公章)。

申请人应当对其提交的申请材料实质内容的真实性负责。

第十二条　新设立的中介服务机构申请房地产估价机构资质的，应当提供第十一条第（一）项、第（三）项至第（八）项材料。

新设立中介服务机构的房地产估价机构资质等级应当核定为三级资质，设1年的暂定期。

第十三条　房地产估价机构资质核准中的房地产估价报告抽查，应当执行全国统一的标准。

第十四条　申请核定房地产估价机构资质的，应当向设区的市人民政府房地产主管部门提出申请，并提交本办法第十一条规定的材料。

设区的市人民政府房地产主管部门应当自受理申请之日起20日内审查完毕，并将初审意见和全部申请材料报省、自治区人民政府住房城乡建设主管部门、直辖市人民政府房地产主管部门。

省、自治区人民政府住房城乡建设主管部门、直辖市人民政府房地产主管部门应当自受理申请材料之日起20日内作出决定。

省、自治区人民政府住房城乡建设主管部门、直辖市人民政府房地产主管部门应当在作出资质许可决定之日起10日内，将准予资质许可的决定报国务院住房城乡建设主管部门备案。

第十五条　房地产估价机构资质证书分为正本和副本，由国务院住房城乡建设主管部门统一印制，正、副本具有同等法律效力。

房地产估价机构遗失资质证书的，应当在公众媒体上声明作废后，申请补办。

第十六条　房地产估价机构资质有效期为3年。

资质有效期届满，房地产估价机构需要继续从事房地产估价活动的，应当在资质有效期届满30日前向资质许可机关提出资质延续申请。资质许可机关应当根据申请作出是否准予延续的决定。准予延续的，有效期延续3年。

在资质有效期内遵守有关房地产估价的法律、法规、规章、技术标准和职业道德的房地产估价机构，经原资质许可机关同意，不再审查，有效期延续 3 年。

第十七条 房地产估价机构的名称、法定代表人或者执行合伙人、组织形式、住所等事项发生变更的，应当在工商行政管理部门办理变更手续后 30 日内，到资质许可机关办理资质证书变更手续。

第十八条 房地产估价机构合并的，合并后存续或者新设立的房地产估价机构可以承继合并前各方中较高的资质等级，但应当符合相应的资质等级条件。

房地产估价机构分立的，只能由分立后的一方房地产估价机构承继原房地产估价机构资质，但应当符合原房地产估价机构资质等级条件。承继原房地产估价机构资质的一方由各方协商确定；其他各方按照新设立的中介服务机构申请房地产估价机构资质。

第十九条 房地产估价机构的工商登记注销后，其资质证书失效。

第三章　分支机构的设立

第二十条 一级资质房地产估价机构可以按照本办法第二十一条的规定设立分支机构。二、三级资质房地产估价机构不得设立分支机构。

分支机构应当以设立该分支机构的房地产估价机构的名义出具估价报告，并加盖该房地产估价机构公章。

第二十一条 分支机构应当具备下列条件：

（一）名称采用"房地产估价机构名称+分支机构所在地行政区划名+分公司（分所）"的形式；

（二）分支机构负责人应当是注册后从事房地产估价工作 3 年以上并无不良执业记录的专职注册房地产估价师；

（三）在分支机构所在地有 3 名以上专职注册房地产估价师；

（四）有固定的经营服务场所；

（五）估价质量管理、估价档案管理、财务管理等各项内部管理制度健全。

注册于分支机构的专职注册房地产估价师，不计入设立分支机构的房地产估价机构的专职注册房地产估价师人数。

第二十二条　新设立的分支机构，应当自领取分支机构营业执照之日起 30 日内，到分支机构工商注册所在地的省、自治区人民政府住房城乡建设主管部门、直辖市人民政府房地产主管部门备案。

省、自治区人民政府住房城乡建设主管部门、直辖市人民政府房地产主管部门应当在接受备案后 10 日内，告知分支机构工商注册所在地的市、县人民政府房地产主管部门，并报国务院住房城乡建设主管部门备案。

第二十三条　分支机构备案，应当提交下列材料：

（一）分支机构的营业执照复印件；

（二）房地产估价机构资质证书正本复印件；

（三）分支机构及设立该分支机构的房地产估价机构负责人的身份证明；

（四）拟在分支机构执业的专职注册房地产估价师注册证书复印件。

第二十四条　分支机构变更名称、负责人、住所等事项或房地产估价机构撤销分支机构，应当在工商行政管理部门办理变更或者注销登记手续后 30 日内，报原备案机关备案。

第四章　估 价 管 理

第二十五条　从事房地产估价活动的机构，应当依法取得房地产估价机构资质，并在其资质等级许可范围内从事估价业务。

一级资质房地产估价机构可以从事各类房地产估价业务。

二级资质房地产估价机构可以从事除公司上市、企业清算以外的房地产估价业务。

三级资质房地产估价机构可以从事除公司上市、企业清算、司法鉴定以外的房地产估价业务。

暂定期内的三级资质房地产估价机构可以从事除公司上市、企业清算、司法鉴定、房屋征收、在建工程抵押以外的房地产估价业务。

第二十六条　房地产估价业务应当由房地产估价机构统一接受委托，统一收取费用。

房地产估价师不得以个人名义承揽估价业务，分支机构应当以设立该分支机构的房地产估价机构名义承揽估价业务。

第二十七条　房地产估价机构及执行房地产估价业务的估价人员与委托人或者估价业务相对人有利害关系的，应当回避。

第二十八条　房地产估价机构承揽房地产估价业务，应当与委托人签订书面估价委托合同。

估价委托合同应当包括下列内容：

（一）委托人的名称或者姓名和住所；

（二）估价机构的名称和住所；

（三）估价对象；

（四）估价目的；

（五）价值时点；

（六）委托人的协助义务；

（七）估价服务费及其支付方式；

（八）估价报告交付的日期和方式；

（九）违约责任；

（十）解决争议的方法。

第二十九条　房地产估价机构未经委托人书面同意，不得转让受托的估价业务。

经委托人书面同意，房地产估价机构可以与其他房地产估价机构合作完成估价业务，以合作双方的名义共同出具估价报告。

第三十条　委托人及相关当事人应当协助房地产估价机构进行实地查勘，如实向房地产估价机构提供估价所必需的资料，并对其所提供资料的真实性负责。

第三十一条　房地产估价机构和注册房地产估价师因估价需要向房地产主管部门查询房地产交易、登记信息时，房地产主管部门应当提供查询服务，但涉及国家秘密、商业秘密和个人隐私的内容除外。

第三十二条　房地产估价报告应当由房地产估价机构出具，加盖房地产估价机构公章，并有至少 2 名专职注册房地产估价师签字。

第三十三条　房地产估价机构不得有下列行为：

（一）涂改、倒卖、出租、出借或者以其他形式非法转让资质证书；

（二）超越资质等级业务范围承接房地产估价业务；

（三）以迎合高估或者低估要求、给予回扣、恶意压低收费等方式进行不正当竞争；

（四）违反房地产估价规范和标准；

（五）出具有虚假记载、误导性陈述或者重大遗漏的估价报告；

（六）擅自设立分支机构；

（七）未经委托人书面同意，擅自转让受托的估价业务；

（八）法律、法规禁止的其他行为。

第三十四条　房地产估价机构应当妥善保管房地产估价报告及相关资料。

房地产估价报告及相关资料的保管期限自估价报告出具之日起不得少于 10 年。保管期限届满而估价服务的行为尚未结束的，应当保管到估价服务的行为结束为止。

第三十五条　除法律、法规另有规定外，未经委托人书面同意，房地产估价机构不得对外提供估价过程中获知的当事人的商业秘密和业务资料。

第三十六条　房地产估价机构应当加强对执业人员的职业道德教育和业务培训，为本机构的房地产估价师参加继续教育提供必要的条件。

第三十七条　县级以上人民政府房地产主管部门应当依照有关法律、法规和本办法的规定，对房地产估价机构和分支机构的设立、估价业务及执行房地产估价规范和标准的情况实施监督检查。

第三十八条　县级以上人民政府房地产主管部门履行监督检查职责时，有权采取下列措施：

（一）要求被检查单位提供房地产估价机构资质证书、房地产估价师注册证书，有关房地产估价业务的文档，有关估价质量管理、估价档案管理、财务管理等企业内部管理制度的文件；

（二）进入被检查单位进行检查，查阅房地产估价报告以及估价委托合同、实地查勘记录等估价相关资料；

（三）纠正违反有关法律、法规和本办法及房地产估价规范和标准的行为。

县级以上人民政府房地产主管部门应当将监督检查的处理结果向社会公布。

第三十九条 县级以上人民政府房地产主管部门进行监督检查时，应当有两名以上监督检查人员参加，并出示执法证件，不得妨碍被检查单位的正常经营活动，不得索取或者收受财物、谋取其他利益。

有关单位和个人对依法进行的监督检查应当协助与配合，不得拒绝或者阻挠。

第四十条 房地产估价机构违法从事房地产估价活动的，违法行为发生地的县级以上地方人民政府房地产主管部门应当依法查处，并将违法事实、处理结果及处理建议及时报告该估价机构资质的许可机关。

第四十一条 有下列情形之一的，资质许可机关或者其上级机关，根据利害关系人的请求或者依据职权，可以撤销房地产估价机构资质：

（一）资质许可机关工作人员滥用职权、玩忽职守作出准予房地产估价机构资质许可的；

（二）超越法定职权作出准予房地产估价机构资质许可的；

（三）违反法定程序作出准予房地产估价机构资质许可的；

（四）对不符合许可条件的申请人作出准予房地产估价机构资质许可的；

（五）依法可以撤销房地产估价机构资质的其他情形。

房地产估价机构以欺骗、贿赂等不正当手段取得房地产估价机构资质的，应当予以撤销。

第四十二条　房地产估价机构取得房地产估价机构资质后，不再符合相应资质条件的，资质许可机关根据利害关系人的请求或者依据职权，可以责令其限期改正；逾期不改的，可以撤回其资质。

第四十三条　有下列情形之一的，资质许可机关应当依法注销房地产估价机构资质：

（一）房地产估价机构资质有效期届满未延续的；

（二）房地产估价机构依法终止的；

（三）房地产估价机构资质被撤销、撤回，或者房地产估价资质证书依法被吊销的；

（四）法律、法规规定的应当注销房地产估价机构资质的其他情形。

第四十四条　资质许可机关或者房地产估价行业组织应当建立房地产估价机构信用档案。

房地产估价机构应当按照要求提供真实、准确、完整的房地产估价信用档案信息。

房地产估价机构信用档案应当包括房地产估价机构的基本情况、业绩、良好行为、不良行为等内容。违法行为、被投诉举报处理、行政处罚等情况应当作为房地产估价机构的不良记录记入其信用档案。

房地产估价机构的不良行为应当作为该机构法定代表人或者执行合伙人的不良行为记入其信用档案。

任何单位和个人有权查阅信用档案。

第五章　法　律　责　任

第四十五条　申请人隐瞒有关情况或者提供虚假材料申请房地产估价机构资质的，资质许可机关不予受理或者不予行政许可，并给予警告，申请人在 1 年内不得再次申请房地产估价机构资质。

第四十六条　以欺骗、贿赂等不正当手段取得房地产估价机构资质的，由资质许可机关给予警告，并处 1 万元以上 3 万元以下的罚款，申请人 3 年内不得再次申请房地产估价机构资质。

第四十七条　未取得房地产估价机构资质从事房地产估价活动或者超越资质等级承揽估价业务的，出具的估价报告无效，由县级以上地方人民政府房地产主管部门给予警告，责令限期改正，并处 1 万元以上 3 万元以下的罚款；造成当事人损失的，依法承担赔偿责任。

第四十八条　违反本办法第十七条规定，房地产估价机构不及时办理资质证书变更手续的，由资质许可机关责令限期办理；逾期不办理的，可处 1 万元以下的罚款。

第四十九条　有下列行为之一的，由县级以上地方人民政府房地产主管部门给予警告，责令限期改正，并可处 1 万元以上 2 万元以下的罚款：

（一）违反本办法第二十条第一款规定设立分支机构的；

（二）违反本办法第二十一条规定设立分支机构的；

（三）违反本办法第二十二条第一款规定，新设立的分支机构不备案的。

第五十条　有下列行为之一的，由县级以上地方人民政府房地产主管部门给予警告，责令限期改正；逾期未改正的，可处 5 千元以上 2 万元以下的罚款；给当事人造成损失的，依法承担赔偿责任：

（一）违反本办法第二十六条规定承揽业务的；

（二）违反本办法第二十九条第一款规定，擅自转让受托的估价业务的；

（三）违反本办法第二十条第二款、第二十九条第二款、第三十二条规定出具估价报告的。

第五十一条　违反本办法第二十七条规定，房地产估价机构及其估价人员应当回避未回避的，由县级以上地方人民政府房地产主管部门给予警告，责令限期改正，并可处 1 万元以下的罚款；给当事人造成损失的，依法承担赔偿责任。

第五十二条　违反本办法第三十一条规定，房地产主管部门拒绝提供房地产交易、登记信息查询服务的，由其上级房地产主管部门责令改正。

第五十三条　房地产估价机构有本办法第三十三条行为之一的，由县级以上地方人民政府房地产主管部门给予警告，责令限期改正，并处1万元以上3万元以下的罚款；给当事人造成损失的，依法承担赔偿责任；构成犯罪的，依法追究刑事责任。

第五十四条　违反本办法第三十五条规定，房地产估价机构擅自对外提供估价过程中获知的当事人的商业秘密和业务资料，给当事人造成损失的，依法承担赔偿责任；构成犯罪的，依法追究刑事责任。

第五十五条　资质许可机关有下列情形之一的，由其上级主管部门或者监察机关责令改正，对直接负责的主管人员和其他直接责任人员依法给予处分；构成犯罪的，依法追究刑事责任：

（一）对不符合法定条件的申请人准予房地产估价机构资质许可或者超越职权作出准予房地产估价机构资质许可决定的；

（二）对符合法定条件的申请人不予房地产估价机构资质许可或者不在法定期限内作出准予房地产估价机构资质许可决定的；

（三）利用职务上的便利，收受他人财物或者其他利益的；

（四）不履行监督管理职责，或者发现违法行为不予查处的。

第六章　附　　则

第五十六条　本办法自 2005 年 12 月 1 日起施行。1997 年 1 月 9 日建设部颁布的《关于房地产价格评估机构资格等级管理的若干规定》（建房〔1997〕12 号）同时废止。

本办法施行前建设部发布的规章的规定与本办法的规定不一致的，以本办法为准。

最高人民法院关于办理申请人民法院强制执行
国有土地上房屋征收补偿决定案件若干问题的规定

· 2012 年 3 月 26 日法释〔2012〕4 号公布
· 自 2012 年 4 月 10 日起施行

为依法正确办理市、县级人民政府申请人民法院强制执行国有土地上房屋征收补偿决定（以下简称征收补偿决定）案件，维护公共利益，保障被征收房屋所有权人的合法权益，根据《中华人民共和国行政诉讼法》、《中华人民共和国行政强制法》、《国有土地上房屋征收与补偿条例》（以下简称《条例》）等有关法律、行政法规规定，结合审判实际，制定本规定。

第一条 申请人民法院强制执行征收补偿决定案件，由房屋所在地基层人民法院管辖，高级人民法院可以根据本地实际情况决定管辖法院。

第二条 申请机关向人民法院申请强制执行，除提供《条例》第二十八条规定的强制执行申请书及附具材料外，还应当提供下列材料：

（一）征收补偿决定及相关证据和所依据的规范性文件；

（二）征收补偿决定送达凭证、催告情况及房屋被征收人、直接利害关系人的意见；

（三）社会稳定风险评估材料；

（四）申请强制执行的房屋状况；

（五）被执行人的姓名或者名称、住址及与强制执行相关的财产状况等具体情况；

（六）法律、行政法规规定应当提交的其他材料。

强制执行申请书应当由申请机关负责人签名，加盖申请机关印章，并注明日期。

强制执行的申请应当自被执行人的法定起诉期限届满之日起三个月内提出；逾期申请的，除有正当理由外，人民法院不予受理。

第三条　人民法院认为强制执行的申请符合形式要件且材料齐全的，应当在接到申请后五日内立案受理，并通知申请机关；不符合形式要件或者材料不全的应当限期补正，并在最终补正的材料提供后五日内立案受理；不符合形式要件或者逾期无正当理由不补正材料的，裁定不予受理。

申请机关对不予受理的裁定有异议的，可以自收到裁定之日起十五日内向上一级人民法院申请复议，上一级人民法院应当自收到复议申请之日起十五日内作出裁定。

第四条　人民法院应当自立案之日起三十日内作出是否准予执行的裁定；有特殊情况需要延长审查期限的，由高级人民法院批准。

第五条　人民法院在审查期间，可以根据需要调取相关证据、询问当事人、组织听证或者进行现场调查。

第六条　征收补偿决定存在下列情形之一的，人民法院应当裁定不准予执行：

（一）明显缺乏事实根据；

（二）明显缺乏法律、法规依据；

（三）明显不符合公平补偿原则，严重损害被执行人合法权益，或者使被执行人基本生活、生产经营条件没有保障；

（四）明显违反行政目的，严重损害公共利益；

（五）严重违反法定程序或者正当程序；

（六）超越职权；

（七）法律、法规、规章等规定的其他不宜强制执行的情形。

人民法院裁定不准予执行的，应当说明理由，并在五日内将裁定送达申请机关。

第七条　申请机关对不准予执行的裁定有异议的，可以自收到裁定之日起十五日内向上一级人民法院申请复议，上一级人民法院应当自收到复议申请之日起三十日内作出裁定。

第八条　人民法院裁定准予执行的，应当在五日内将裁定送达申请机关和被执行人，并可以根据实际情况建议申请机关依法采取必要措施，保障征收与补偿活动顺利实施。

第九条　人民法院裁定准予执行的，一般由作出征收补偿决定的市、县级人民政府组织实施，也可以由人民法院执行。

第十条　《条例》施行前已依法取得房屋拆迁许可证的项目，人民法院裁定准予执行房屋拆迁裁决的，参照本规定第九条精神办理。

第十一条　最高人民法院以前所作的司法解释与本规定不一致的，按本规定执行。

实用附录

国有土地上房屋征收补偿标准及计算公式

1. 房屋被征收后被征收人能够获得货币补偿的金额

房屋征收货币补偿金额＝被征收房屋经由评估机构确定的市场价格（包括房屋装饰装修商定或者评估的补偿金额）＋搬迁费用＋临时安置费用＋营业性房屋的停产停业损失（非营业性房屋无此项补偿）

2. 采取房屋置换方式补偿的差价金额

房屋征收调换产权补偿差价金额＝被征收房屋的评估价格＋房屋装饰装修商定或者评估的补偿金额－获得的调换产权的房屋的评估价格

3. 搬迁费用

搬迁费用＝搬迁发生的实际费用或者双方约定的一定数额的搬迁补助费

4. 临时安置费用

临时安置费用＝没有提供周转房情况下的临时安置费＋超出过渡期限的临时安置费

5. 停产停业损失的计算方法

根据房屋被征收前的效益、停产停业的期限等因素确定，具体计算方法由各省、自治区、直辖市制定。主要方法有以下几种：

（1）根据被征收房屋的总体价值的一定比例计算，预先由双方协商约定；

（2）根据房屋的面积按照单位面积补偿一定金额来计算；

（3）根据营利性房屋的前几年的年平均经营收入和利润等指标，乘以停产停业的期限（年份）来计算；

（4）由评估机构对其进行评估确定；

（5）根据实际损失补偿计算，协商确定。

国有土地上房屋征收补偿协议（参考文本）

房屋征收部门（以下简称甲方）：＿＿＿＿＿＿＿＿

法定代表人：＿＿＿＿＿＿

委托代理人：＿＿＿＿＿＿

被征收人（以下简称乙方）：＿＿＿＿＿＿＿

委托代理人：＿＿＿＿＿＿

经某人民政府批准，因某地区改造及建设某工程需要，根据《民法典》《城市房地产管理法》《国有土地上房屋征收与补偿条例》等有关法律法规的规定，甲、乙双方本着平等自愿的原则，就乙方所有的房屋的征收补偿事宜协商一致达成如下协议：

第一条　乙方已搬迁房屋、附属物情况

根据乙方提供的产权书证材料，结合相关法律、法规及《补偿方案》所确定的标准，经甲、乙双方核对，对乙方房屋、附属物情况确认如下：

（一）房屋坐落：＿＿＿＿＿＿＿。

（二）房屋产权属＿＿＿＿＿＿＿所有（共有）。

（三）房屋用途：【住宅】【店面】【工业用房】。

（四）房屋的总楼层数＿＿＿层（房屋所在的楼层数为第＿＿层）。

（五）房屋的附属物情况：（详见附件一）。

（六）已搬迁房屋【有】【无】设置抵押权。已搬迁房屋已被抵押给＿＿＿＿＿＿＿。现房屋所有权人与抵押权人按以下方式处理该房屋抵押权：＿＿＿＿＿＿＿。

（七）其他：＿＿＿＿＿＿＿＿＿＿＿＿＿＿＿＿＿＿＿。

第二条　房屋搬迁补偿安置方式

乙方自愿选择以下第＿＿＿＿种补偿安置方式。1. 货币补偿。2. 产权调换。3. 货币补偿、产权调换相结合。

乙方可选择产权调换，也可选择货币补偿，或者两种方式相结合。乙方选择的补偿方式一经确定，不得随意变更。乙方选择产权调换的部分，由甲方提供安置房，双方就拟调换房屋的地点、户型、套数、面积等相关事宜签订《产权调换意向书》。

根据双方签字确认的【《某工程征收区域内住宅情况及补偿认定表》】【《某工程征收区域内店面情况及补偿认定表》】【《某工程征收区域内工业用房情况及补偿认定表》】（附件二）所认定的补偿安置面积，其中乙方自愿选择____平方米的住宅作产权调换，____平方米的店面作产权调换，____平方米的工业用房作产权调换（异地安置）。

第三条　房屋征收补偿金额

协议双方协商同意选择下列第____种方式确定已搬迁房屋的货币补偿金额：

第一种：经当事人充分协商，双方自愿按《补偿方案》及其附表所列的标准，确定已搬迁房屋的补偿金额，具体如下：

（一）住宅。根据双方签字确认的《某工程征收区域内住宅情况及补偿认定表》（附件二）：

1. 合法建筑面积_____平方米，补偿金额小计_____元。

2. 违法、违章部分，其中：（1）手续不完整部分建筑面积_____平方米，补偿金额小计_____元；（2）无手续部分建筑面积_____平方米，补偿金额小计_____元。

3. 经有权机关批准的住宅用地，尚未基建的，土地面积_____平方米，补偿金额小计_____元。

以上1、2、3三项合计补偿金额_____元。

（二）店面。根据双方签字确认的《某工程征收区域内店面情况及补偿认定表》（附件二）：

1. 合法建筑面积_____平方米，补偿金额小计_____元；

2. 违章建筑面积_____平方米，补偿金额小计_____元；

以上 1、2 两项合计补偿金额_____元。

（三）工业用房。根据双方签字确认的《某工程征收区域内工业用房情况及补偿认定表》（附件二）：

1. 经批准合法使用的土地面积_____平方米，扣除未缴纳土地规费_____元后，补偿金额小计_____元。

2. 未经批准的土地面积_____平方米，补偿金额小计_____元。

3. 合法建筑面积_____平方米，补偿金额小计_____元。

4. 使用未经批准土地违法基建房屋的建筑面积_____平方米，补偿金额小计_____元。

5. 土地已批但未经规划建设部门批准违章基建房屋的建筑面积_____平方米，补偿金额小计_____元。

6. 超层高部分的建筑面积_____平方米，补偿金额小计_____元。

以上 1—6 项合计工业用房的搬迁补偿金额_____元。

第二种：协议双方以_____房地产价格评估机构对房屋市场价格和安置房市场价格同时进行评估所出具的_____号《房地产估价报告》为依据，协商确定房屋的补偿金额，房屋的补偿金额（含房屋的装潢补偿、土地使用权补偿）具体如下：

（一）住宅补偿金额_____元（其中合法建筑面积_____平方米）；

（二）店面补偿金额_____元（其中合法建筑面积_____平方米）；

（三）工业用房补偿金额_____元（其中合法建筑面积_____平方米）。

特别说明：1. 以上补偿金额已含装潢补偿金额。

2.【住宅】【店面】的补偿金额已含土地使用补偿金。

第四条　房屋附属物项目的补偿金额

房屋附属物项目实行货币补偿，不作产权调换，依据双方签字确认的《房屋附属物登记表》，乙方房屋附属物的补偿金额小计_____元（详见附件一）。

第五条　搬迁非住宅房屋停产、停业补偿费

1. 店面的停产、停业补偿费：根据认定的店面面积_____平方米，按_____元/平方米·月计算，甲方一次性给予乙方_____个月的补偿费，小计_____元。

2. 工业用房的停产、停业补偿费：根据认定的工业用房面积_____平方米，按_____元/平方米/月计算，甲方一次性给予乙方_____个月的补偿费，小计_____元。

3. 搬迁非住宅房屋为出租房的，按搬迁时房产租赁的租金标准_____元/月，甲方一次性给予乙方_____个月租金补偿，小计_____元，租赁关系由乙方与承租人自行协商解决。

上述乙方非住宅房屋的停产、停业经济补偿金额，共计_____元。

第六条　房屋搬迁补助费

（一）乙方选择货币补偿的部分

甲方根据《补偿方案》的标准，按经认定的补偿安置面积，一次性支付乙方搬迁补助费，具体面积及补偿金额如下：

1. 住宅面积_____平方米，按_____元/平方米·次乘以一次计算，小计_____元；

2. 店面面积_____平方米，按_____元/平方米·次乘以一次计算，小计_____元；

3. 工业用房面积_____平方米，按_____元/平方米·次乘以一次计算，小计_____元；

4. 大型机械设备_____台，按_____元/台计算，小计_____元。

（二）乙方选择产权调换的部分

甲方根据《补偿方案》的标准，按经认定的补偿安置面积，一次性支付乙方搬迁补助费，具体面积及补偿金额如下：

1. 住宅面积_____平方米，按_____元/平方米·次乘以两次计算，小计_____元；

2. 店面面积_____平方米，按_____元/平方米·次乘以两次计算，小计_____元；

3. 工业用房面积_____平方米，按_____元/平方米·次乘以两次计算，小计_____元；

4. 大型机械设备_____台，按_____元/台计算，小计_____元。

以上（一）、（二）两项搬迁补助费金额共计_____元。

第七条　搬迁奖励措施

根据乙方对甲方房屋搬迁工作的配合情况，依据《补偿方案》优惠、奖励办法的规定，按经认定的补偿安置面积，甲方给予乙方如下优惠奖励措施：

（一）乙方同意按《补偿方案》附表所列价格补偿、按期搬迁腾空并签订协议的，对选择产权调换的部分：

1. 甲乙双方确认的私人住宅的补差价减免率为_____%，减免基数按《补偿方案》相关规定计算，应补差价待选房后，在签订搬迁安置协议书时另行计算。

2. 甲乙双方确认的店面补差价减免率为_____%，减免基数按《补偿方案》相关规定计算，应补差价待选房后，在签订搬迁安置协议书时另行计算。

3. 工业用房面积_____平方米，按_____元/平方米奖励，小计_____元。

（二）乙方同意按《补偿方案》附表所列价格补偿、按期搬迁腾空并签订协议的，对选择货币补偿的部分：

1. 私人住宅面积_____平方米，按_____元/平方米奖励，小计_____元。

2. 店面按补偿金额_____元的_____%奖励，小计_____元。

3. 工业用房面积_____平方米，按_____元/平方米奖励，小计_____元。

以上（一）、（二）两项合计奖励的金额为_____元。

第八条　拆迁补偿费用的总和及结算方式

（一）乙方选择产权调换部分的拆迁补偿费用总计金额_____元整（大写：人民币__仟__佰__拾__万__仟__佰__拾__元整）。

（二）乙方选择货币补偿部分的拆迁补偿费用总计金额_____元整（大写：人民币__仟__佰__拾__万__仟__佰__拾__元整）。

（三）双方同意按以下第____种方式进行结算：

1. 乙方全部选择产权调换，在本协议书签订后，此拆迁补偿费用暂不发放给乙方，待乙方选房安置签订拆迁安置协议书时，结算差价，多退少补。

2. 乙方全部选择货币补偿，在本协议书签订后，乙方提供相关材料配合办理发放手续，一周内由甲方一次性付清。

3. 乙方选择货币补偿、产权调换相结合方式，按双方确定的乙方选择货币补偿部分的补偿金额，扣除乙方选择产权调换部分所应补差价款后的剩余部分进行结算，多退少补。属甲方应支付给乙方的部分，在本协议书签订，乙方提供相关材料配合办理发放手续后的一周内一次性付清；属乙方应支付给甲方的部分，待乙方选房安置签订拆迁安置协议书时一次性付清。

第九条　临时安置补助费

经充分协商，双方自愿选择以下第____种方式发放临时安置补助费，并承担相关责任。

（一）自行过渡的。

1. 发放标准：经认定的住宅补偿安置面积_____平方米，按_____元/平方米/月计价，小计_____元/月。

2. 发放时间：自房屋搬迁腾空并经甲方验收合格之日起（即_____年____月____日）开始计算，按季度发放，至甲方书面通知乙方入户安置时为止。如乙方在甲方发出书面选房通知_____日内，按甲方要求办理入户安置手续的，按标准再发给乙方_____个月的临时安置补助费；乙方未按要求办理入户安置手续的，从甲方发出选房通知第二个月起，甲方不再支付乙方临时安置补助费。

3. 违约责任。因甲方的责任，造成过渡期限超出_____个月的，从逾期之月起，甲方应每月双倍向乙方支付临时安置补助费。因乙方的责任，未按要求办理入户安置手续的，从发出选房通知第二个月起，甲方不再付给乙方安置补助费。

（二）乙方使用甲方提供临时过渡周转用房的。

1. 乙方应与甲方就周转用房的管理使用另行签订协议。乙方使用的周转房的租金，应在临时安置补助费中扣除。

2. 违约责任。因甲方的责任，造成过渡期限超出＿＿＿＿＿＿个月的，从逾期之月起，乙方使用周转房不需支付租金，甲方应按标准向乙方支付临时安置补助费。因乙方的责任，未按要求办理入户安置手续的，从逾期之月起，乙方应按月向甲方支付周转用房的市场租金。

第十条　房屋搬迁期限

乙方应于＿＿＿＿＿＿＿年＿＿＿月＿＿＿日前将房屋腾空、经甲方验收合格，并交由甲方拆除。

已搬迁房屋的水费、电费、物业管理费、电信、电视等相关费用，均由乙方负责缴纳清楚，与甲方无关。

第十一条　房屋权属保证

乙方就已搬迁房屋向甲方提供的相关产权书证材料及其他相关证明材料，由甲方另行出具"收件收据"。乙方承诺保证：就已搬迁房屋而向甲方所提供的所有产权书证材料及其他相关证明材料，均属客观、真实，否则，乙方愿承担一切法律责任。如已搬迁房屋因转让、继承、分割（析产）、抵押等原因产生纠纷的，乙方自愿承担由此产生的一切法律责任。

第十二条　违约责任

（一）因甲方的原因未按期全额向乙方支付货币补偿款的，甲方应当承担逾期支付的民事责任，按应支付总金额每日万分之一支付违约金。

（二）乙方未按期向甲方缴纳安置用房差价的，甲方有权暂缓向乙方交付安置用房，并停止向自行安排住处过渡的乙方支付临时安置补助费。

第十三条　争议处理

协议双方因履行本协议书发生争议的，应协商解决；如协商不成的，任何一方均有权向有管辖权的人民法院起诉。

第十四条　本协议书中所有选择条款，协议当事人均应作出明确选择。本协议书自甲、乙双方或授权代表签字盖章之日起生效，双方应共同遵守，如有一方违约造成对方损失者，必须承担赔偿责任。

第十五条　本协议书一式两份，甲方一份，乙方一份。两份具有同等法律效力。

第十六条　本协议书未尽事宜，按《补偿方案》相关规定执行。《补偿方案》未作出规定的，由甲、乙双方另行协商后签订补充协议，补充协议与本协议具有同等法律效力。

第十七条　本协议附件与本协议具有同等法律效力。本协议及其附件内容，空格部分填写的文字与印刷文字具有同等效力。

第十八条　本协议的有关数据，以附件为准。

甲方（签章）：　　　　　　　　乙方（签章）：
委托代理人：　年　月　日　　委托代理人：　年　月　日

附件一：《房屋附属物登记表》；

附件二：《某工程征收区域内住宅情况及补偿认定表》《某工程征收区域内店面情况及补偿认定表》《某工程征收区域内工业用房情况及补偿认定表》。

征收耕地的补偿费用标准及计算公式
（征收其他土地可参照执行）

1. 征地补偿费用

征地补偿费用＝土地补偿费＋安置补助费＋地上附着物补偿费＋青苗补偿费＋其他补偿费

2. 土地补偿费

土地补偿费＝耕地被征收前三年平均年产值×补偿倍数（6≤补偿倍数≤10）

3. 安置补助费

每个需要安置的农业人口的（人均）安置补助费＝耕地被征收前三年平均年产值×补偿倍数（4≤补偿倍数≤6）

（1）每公顷被征收地块需要安置人数×补偿倍数≥15时，

每公顷被征耕地的总安置费＝耕地被征收前三年平均年产值×15

（2）每公顷被征收地块需要安置人数×补偿倍数<15时，

每公顷被征耕地的总安置费＝耕地被征收前三年平均年产值×补偿倍数×该公顷地块需要安置人数

备注：根据以上公式计算的土地补偿费和安置补助费，尚不能使需要安置的农民保持原有生活水平的，经省、自治区、直辖市人民政府批准，可以增加安置补助费。但是，土地补偿费和安置补助费总和不得超过土地被征收前 3 年平均年产值的 30 倍。国务院在特殊情况下，可以提高该标准。

4. 被征收土地上的附着物和青苗的补偿标准

地上附着物和青苗补助费＝省、自治区、直辖市规定（一般按照市场价格补偿，青苗补助费最高按照一季产值计算；如果播种不久或者投入较少，可以按照一季产值的一定比例计算）

集体土地征收安置补偿协议（参考文本）

甲方（建设单位）：＿＿＿＿＿＿＿＿＿＿

乙方（村委会）：＿＿＿＿＿＿＿＿＿＿

甲、乙双方根据《中华人民共和国土地管理法》和省（自治区、直辖市）市（县）政府的有关规定，就＿＿＿省（自治区、直辖市）、＿＿＿＿市（县）＿＿＿＿乡（镇）＿＿＿＿村征地安置补偿事宜达成如下协议：

一、征收土地面积及安置人数

甲方征收乙方集体所有、使用的土地，面积为＿＿＿＿平方米，四至（见绘图），常住户口＿＿＿＿人（其中应安置＿＿＿＿人），由甲方依据＿＿＿＿确认。

二、手续的办理

乙方自签订本协议之日起＿＿＿＿日内办理＿＿＿＿手续，并将原所有、使用的＿＿＿＿所列项目完整地交给甲方，甲方应派员验收。验收中如发现与＿＿＿＿所列项目不符时，对意外情况，乙方应向甲方如实说明情况；对因乙方过错而造成的损失，乙方应负赔偿责任。

三、征地费用及其标准

征地费用包括＿＿＿＿费用，以《土地管理法》第 47 条第 2 款规定为基本标准（标准的数额应具体化）。

四、补偿、安置费的结算

土地补偿费和安置补助费的结算，应按照＿＿＿＿省（自治区、直辖市）、＿＿＿＿市（县）政府的有关规定标准，在＿＿＿＿＿＿年＿＿＿月＿＿＿日前到甲方所在地办理。

五、违约责任

违反本协议规定的，由违约方向对方支付违约金＿＿＿＿元人民币，并赔偿因此而造成的损失。

六、生效

本协议自甲、乙双方签字之日起生效。本协议一式_____份，甲乙双方各执_____份。

甲方：（签章）_____

乙方：（签章）_____

_____年___月___日

附件：

被征收土地有关证件____件，其中土地所有权证，编号为_____；二地所有权证，编号为_____。

重要法律术语速查表

图书在版编目（CIP）数据

国有土地上房屋征收与补偿条例解读与应用／张润，
貊明伟，崔世宇编著 . — 北京：中国法制出版社，
2023.9
　（法律法规新解读丛书）
　ISBN 978-7-5216-3465-5

　Ⅰ.①国… Ⅱ.①张… ②貊… ③崔… Ⅲ.①国有土
地-土地征用-条例-法律解释-中国②房屋拆迁-补偿
-条例-法律解释-中国 Ⅳ.①D922.395
②D922.181.5

中国国家版本馆 CIP 数据核字（2023）第 068839 号

责任编辑：刘海龙　　　　　　　　　　　　封面设计：李　宁

国有土地上房屋征收与补偿条例解读与应用
GUOYOU TUDISHANG FANGWU ZHENGSHOU YU BUCHANG TIAOLI JIEDU YU YINGYONG

编著／张润　貊明伟　崔世宇
经销／新华书店
印刷／三河市国英印务有限公司
开本／880 毫米×1230 毫米　32 开　　　印张／5.75　字数／136 千
版次／2023 年 9 月第 1 版　　　　　　　2023 年 9 月第 1 次印刷

中国法制出版社出版
书号 ISBN 978-7-5216-3465-5　　　　　　　　　　定价：19.00 元

北京市西城区西便门西里甲 16 号西便门办公区
邮政编码：100053　　　　　　　　　　传真：010-63141600
网址：http：//www.zgfzs.com　　　　　编辑部电话：010-63141820
市场营销部电话：010-63141612　　　　印务部电话：010-63141606

（如有印装质量问题，请与本社印务部联系。）

【法融】数据库免费增值服务有效期截至本书出版之日起 2 年。